オンライン採用

Online Recruitment

新時代と自社にフィットした人材の求め方

著
伊達洋駆

日本能率協会マネジメントセンター

採用の世界においては、科学的な根拠はないが、しかし、多くの企業が実施する「事実上の標準」が多く存在してきた。本書は、そうした根拠なき「事実上の標準」から脱して、ウィズコロナ時代の新しい標準とは何かを、学術研究を紐解きつつ真摯に問いかける。混迷した今こそ、採用の何を変えて何を変えないかを問う時であり、これが本書の主題だ。筆者が指摘する通り、日本企業が問うべきはまさに、対面かオンラインかではなく、どのような場合にどちらがよいかなのだ。

本書はウィズコロナ時代の新しい標準を鮮やかに描き出す指南書である。

神戸大学大学院　経営学研究科　准教授
服部泰宏氏

はじめに

2020年、私たちは予想だにしない出来事に見舞われました。新型コロナウイルス感染症の世界的な蔓延です。感染拡大するウイルスに世界は恐怖に包まれ、外出を伴う様々な動きがストップしました。その中で急速に広まったのが、オンラインのコミュニケーションです。

集まることができない私たちは、ZoomやTeamsなどインターネットの会議システム、あるいはSNSのチャットサービスやメールなども活用して、相手との繋がりを維持しようとしました。当初は多くの人々がこれらを「いっときの代替品」と捉えていたかもしれませんが、感染症流行のはじまりから半年が過ぎ、そして1年が経つ頃には、もはやなくてはならないツールとなりました。

この流れはビジネス全般、特に本著の主題である「採用」の現場にも起こりました。これまで日本では、説明会も面接もすべてが「対面」を前提に作られていました。しかし、現在はその実施が難しい。そこで多くの企業で採られたのが、オンラインでの説明会であり、面接でした。

自己紹介が遅くなりましたが、私はビジネスリサーチラボ代表取締役の伊達洋駆と申します。弊社は、学術研究や定量・定性分析から得た知見を実務に生かしたいと考えて立ち上げた会社です。採用、エンゲージメント、キャリアなど、人と組織に関わる幅広いテーマを手掛けています。「研究と実務の融合」を目指してきた私たちに迫られた、今回の採用現場の急展開。待ったなしの状況に、多くの採用担当者の方々から、「これからどうすればよいのか」という悲痛な声が寄せられています。

「私たちにできることはなにか」

採用現場で日々奮闘している採用担当者の方々へ「〝これまで〟の知見から見える、〝これから〟の採用」を伝えることが大事だと考えるに至りました。弊社は、研究と実務を融合させる活動から生まれたサービスを、「アカデミックリサーチ」というコンセプトで提供しています。本著もアカデミックリサーチの文脈から生まれた、採用担当者の目前の「実務に生きる一冊」です。

すでにコロナ禍におけるオンライン採用をスタートしている企業も多い一方で、「これでよいのだろうか」「以前のようにはいかないな……」と戸惑っている方もいます。

その戸惑いの感覚こそが正しく、対面とオンラインでは得られる効果は大きく異なるのです。「対面ができないからオンラインにすればよい」と、いつまでも一時しのぎとして利用していると、採用につまずきかねません。

実は、オンラインが対面と比べて、全ての点において劣っているわけではありません。例えば、オンラインでの対話は情報伝達には優れた機能をもつことが実証されています。語られた内容を正確に把握する際には、非常に適したツールなのです。

では、なぜ私たちはオンラインでの対話に不満を抱くのでしょう。それは、「明るい」「きっちりしている」「楽しそう」といった雰囲気で感じ取れる人間の感触、すなわち「非言語的手がかり」が得られにくいからです。また、相手のことが「理解できた感覚」もオンラインの方が少ないことがわかっています。ヒトのコミュニケーションは、「文字や言葉のみで情報をやりとりしているわけではない」のです。

採用担当者にとって今は、目の前の業務に追われながらも新たな採用の企画を練っていかなければならない、大変な時期です。ミスなくオペレーションを回しながら、創造性を発揮して企画を検討していく。そのためには、思考の切り替えも必要でしょう。

「大変」と言ってしまいましたが、ある意味で今の状況は「チャンス」になりえます。これからは、オンラインと対面の両方を用いた「ハイブリッド採用」へと進むはずです。多くの企業が、「1次面接はオンラインにしよう」「社長による最終面接は対面で」など、オンラインと対面を組み合わせた採用の企画を練っていきます。

そこにおいては、「本当にこのタイミングはオンライン面接でよいのか」「なぜここでは対面がよいのだろうか」など、採用の本質に立ち返って考えることが求められます。さらには、「どのような人材がほしいのか」「どのような手段を講じるか」「面接ではどのような質問が必要か」

なども考える必要が出てきます。このように、今回のオンライン採用の普及は、自社にふさわしい採用を改めて構築するチャンスなのです。

本著は、深いレベルでの採用の見直しと、目の前の「面接をどうするか」「説明会をどう開催するか」といった実務面の両方を取り扱います。

第1章では、ビフォアコロナからウィズコロナで変わること・変わらないことを概説します。

第2章は、人材の集め方についてお伝えします。説明会の開催方法といった具体的な視点から、「なぜ人を集めなければならないのか」についても考えたいと思います。

第3章は、書類選考や面接などの選考がテーマです。オンライン化により、現場で大きな戸惑いが生まれている部分です。「なぜ実施するのか」「どう実施するのか」など、本質論にはじまり明日から実務に生きる内容まで記しています。

第4章は、候補者や内定者に対するフォローについて扱います。オンライン化により、候補者のフォローはどう変わるのかをお伝えします。

第5章は、やや視点を変えて、採用チーム（採用担当者同士や他部署の関係者との連携）の変化を取り上げます。対候補者だけでなく、対チームメンバーにおいても、オンライン化の波は押し寄せています。採用はチームで様々な連携を図りながら進めるものです。オフィスで「ちょっとした雑談」ができた頃のほうが楽だったな……と感じている方もいることでしょう。オンライン化に苦心する方々にも参考になる、これからの採用チームに求められるポイントをまとめています。

最後の第6章では、採用活動と密接にかかわる雇用の問題について触れました。雇用の話には、企業の外で人材が移動する外部労働市場（雇用状況）と、各企業の中で独自に運営されている内部労働市場（雇用システム）が関係しています。採用は2つの労働市場をつなぐ活動です。採用担当者は両者の動向を適切に捉える必要があります。

これまでは、こうした労働市場をめぐる状況について意識しなくてもよかったのかもしれません。しかし、コロナ禍の影響により、外部労働市場が揺れ動いています。また、内部労働市場についてもジョブ型雇用をはじめとした議論が白熱しています。こうした動向についてぜひ知っておいてほしいトピックを解説します。

これらの章は独立しています。第1章から順番にお読みいただいても、第2章や第3章など現在お悩みのテーマから開いていただいても大丈夫です。

誰もが経験したことのない現在、そして〝これから〟を、私たちはどのように歩んでいけばよいのか。今お伝えできるすべてのことを込めて執筆しました。この強力で大規模な変化に対して、抗うでもなく、打ちひしがれるでもなく、しなやかに、創造的に挑んでほしい。そう私は願っています。本著がみなさんの背中を押す一助となれば幸いです。

２０２１年１月

株式会社ビジネスリサーチラボ

代表取締役　伊達洋駆

第1章 これまでの採用

〜オンライン採用で変わること、変わらないこと〜

第2章 これからの人材募集
～オンライン上の募集はどうするべきか～

第3章

これからの選考
～書類選考や面接の適切なオンライン化とは～

第4章

これからの内定者フォロー

～入社前にできることは何か～

第5章 これからの採用チーム
～テレワークでの関係構築～

第6章

これからの雇用
～雇用状況と雇用システムの変化にどう対応するか～

第1章

これまでの採用

～オンライン採用で変わること、変わらないこと～

1. コロナ禍が採用現場に与える影響とは？

コロナ禍で進む3つの変化

新型コロナウイルス感染症については、この本を書いている現在も収束の気配はありません。感染の拡大が連日報道され、「もはや完全に元には戻らないのか」という現実を突きつけられているようです。採用担当者のみなさんも、当初は目前の業務を回すことに必死だったと思いますが、これからは目前の業務だけでなく、〝少し先〟も見据えた対応が必要になります。半年先、1年先、数年先を考えた採用の形を作ること。それが求められる頃です。このような状況を受けて、第1章ではコロナがもたらした影響と、今後求められる変化の概要を説明します。

コロナ禍で何が変わったか。採用活動において対面状況が難しくなりました。もともと採用活動は、説明会であれ面接であれ、対面状況を前提に作られていました。そのため、**対面での採用ノウハウは蓄積されている一方、対面以外での採用ノウハウはほとんど誰も持っていません。**

さらに、候補者との関係性がオンライン化しただけではなく、テレワークなどによって、採用チームの働き方がオンライン化したという側面もあります。採用には、採用担当者や採用責任者、リクルーター、面接官など、様々な人が関わっているため、メンバー間のコミュニケーションが欠かせません。しかし、従来から日本の多くの企業は、物理的に場所を共有して働いてきたため、オンラインでのコミュニケーションには不慣れです。対面状況を前提とした働き方からの脱却は、採用チームの運営にも影響を与えています。

いうなれば、今回の新型コロナウイルス感染症により、採用の〝新しいカタチ〟を考えるというミッションが企業に課せられたのです。

加えて、雇用のあり方についても議論が本格化しています。これまで日本はいわゆる新卒一括採用のもと、会社の中で様々な部署や役職に異動させながら育成するメンバーシップ型雇用が一般的でした。しかし、ポストに人材を充てるべく、企業と従業員が交渉するジョブ型雇用への転換が必要だと叫ばれるようになりました。

この背景には、新型コロナウイルス感染症の影響でテレワークが導入され、特に経営者や人事担当者が「雇用システムはこのままでいいのか」と考えはじめたことがあります。

雇用システムの中には採用が含まれています。メンバーシップ型雇用なのかジョブ型雇用なのかで、採用の考え方は変わります。採用担当者は雇用に関する議論も知っておく必要があるのです。雇用システムの議論は、第６章のP.１８１以降で詳しくお伝えします。

ここまでの話をまとめると、**採用活動のオンライン化**、**採用チームのオンライン化**、そして**雇用の変化（雇用状況の変化と雇用システム転換の議論）**の3点が、新型コロナウイルス感染症が採用に与えた影響です。

「大転換」をチャンスと捉える

コロナ禍以前も、ごく一部のグローバル企業などでは、業務の効率化や環境配慮の面から、オンライン面接を導入していました。採用のオンライン化を支援するサービスも登場していました。例えば、オンラインで面接をし、そのデータを分析して、候補者の承諾率を提示するようなサービスです。水面下では、採用のオンライン化は進んでいました。

本来なら10年〜20年かけて進むはずであったこの変化が、数ヶ月という極めて短い期間で起こったのが、2020年のコロナ禍での出来事です。

「オンラインツールを使う」ことは、そこまで難しくありません。しかし、その根底にある〝暗黙の価値観〟を変えることは非常に難しい。今までの「対面を前提とする採用のあり方」自体を転換することには、大きな壁が立ちはだかっています。

2. 採用・人事現場で起こっている問題点とは？

既存の勝ちパターンの崩壊

これまでの採用活動は、各企業の努力の蓄積もあり、「これをやっておけば大丈夫」という共通認識、いわゆる〝**勝ちパターン**〟ができていました。業界や企業をまたいだ、採用における一定の「解」があったのです。新卒採用においては、

プレエントリー　↓　説明会でエントリー　↓　面接数回　↓　最終面接

を経て、最後まで進んだ候補者に内定を出すというフローがその一例です。

ところが、いまやその「解」が崩れはじめています。「これまでは『Aをすれば、Bになる』と傾向を読めていたが、今は読めなくなってしまった」という嘆きも耳にします。

「初めてのことだから、失敗しながら学んでいくしかない」という意見もあるかもしれません。それはそれで大事な考え方ですが、採用の場合、失敗が許されにくい。「今年は新入社員が採れませんでした」では、経営計画に支障が出てしまいます。そのため、採用担当者にプレッシャー

がかかっているのです。

さらに、採用担当者は「目前の問題」の対処と同時に、今後の見通しについても考えなければなりません。「とにかく対処する」という短期的な課題と、「その後をどうしていくのかを考える」という中期的な課題、この2つに直面しているのが採用担当者の現状です。

採用抑制の傾向も出はじめている

様々な企業の経営悪化が報じられていますが、コロナ禍以前と比べて求人倍率も下がりはじめています。採用の状況がコロナ禍以前の水準に戻るには、5年程度はかかるとの見方もあります。

ここで1つ参考になるのは、バブル崩壊後の不況です。1990年代、企業は軒並み採用を抑制し、企業の中の年齢構成がいびつになりました。このことにより、企業のノウハウ継承が円滑に進まなかったり、役職のポストが足りなくなったりしました。

景気と関連づけて大きく採用抑制することが、よくない結果を招くと痛感している企業もあります。このタイミングで採用を抑制すべきかどうか、企業は頭を悩ませています。経営者に大きな判断が求められている状況です。

候補者も企業を注意深く「見ている」

一般に採用においては、企業が候補者を選抜するものだと思われがちです。しかし同時に、候補者も企業をふるいにかけています。例えば、候補者は各企業が新型コロナウイルス感染症に対して積極的に対応しているのか、そして、その対応の巧拙を見ています。「例年通り一次面接から対面で行います」という企業と、「今年は感染症のリスクを最小限にすべく、オンライン面接を行います」という企業があったとします。特に対策をとらない前者に対して、候補者は不安や不信感を抱く可能性があります。こうしたネガティブな感情は、候補者の志望度に悪影響を及ぼします。

候補者がコロナ禍への企業の対応をチェックするのは、候補者が企業に関する情報を十分に持っていないからです。外部労働市場では、特定の企業が、どのような会社で、どのような労働環境で、どのような仲間と、どのような仕事をするのかという情報が得られにくいのです。新卒採用の現場だけでなく、中途採用でも同様の事態が起きます。中途採用は得られる情報が多いという意見もありますが、実際のところは入社してみないとわかりません。会社の外に出てくる情報と、中で体験する現実は異なります。

候補者から見ると、企業に関する情報は自分がほしい量よりも不足しています。そのため、わずかな手がかりでも見逃しません(1)。例えば、「コロナに対してどういう対応をしているのか」

(1) 候補者は、選考プロセスで得られる様々な情報をもとに、組織の特徴を推論することが分かっています。Rynes, S. L., Bretz, R. D., and Gerhart, B. (1991). The importance of recruitment in job choice: A different way of looking. Personnel Psychology, 44(3), 487-521.

に注目し、「こういう対応をするということは、きちんとした会社だ」「こんなこともできていないなんて、社員のことを全く考えていない」などと会社のことを推測しようとします。

しかし、新型コロナウイルス感染症の対策状況と、事業として優れた会社かどうかは別問題です。例えば、「弊社は全社員リモートワークをしています」と打ち出す企業があったとします。にもかかわらず、候補者は「この会社は変化に強そうだ」と解釈します。このように候補者は非常にわずかな情報を手がかりに、その会社の特徴をイメージする点を企業側も理解しておきましょう。

3. 対面とオンラインの違いとは?

対面とオンラインの3つの違い

コロナ禍で変わったことは、オンライン採用が進んだことだと説明しました。それでは、具体的にオンラインと対面では何が違うのでしょう。違いは、大きく3つあります。

1つめは、**対面からオンラインになることで、「非言語的手がかり」が少なくなる**点です[(2)]。同じ場所で相対していると、身振り手振りや表情、視線など、言葉以外のさまざまな情報を伝えられます。ところがオンラインでは、それが難しい。こうした言語以外の情報を、非言語的手がかりといいます。

(2) メディアによって非言語的手がかりの強弱が異なることを整理した研究として、Baltes, B. B., Dickson, M. W., Sherman, M. P., Bauer, C. C., and LaGanke, J. S. (2002). Computer-mediated communication and group decision making: A meta-analysis. Organization Behavior and Human Decision Processes, 87, 156-179.

図1-1　対面とオンラインでの「非言語的手がかり」

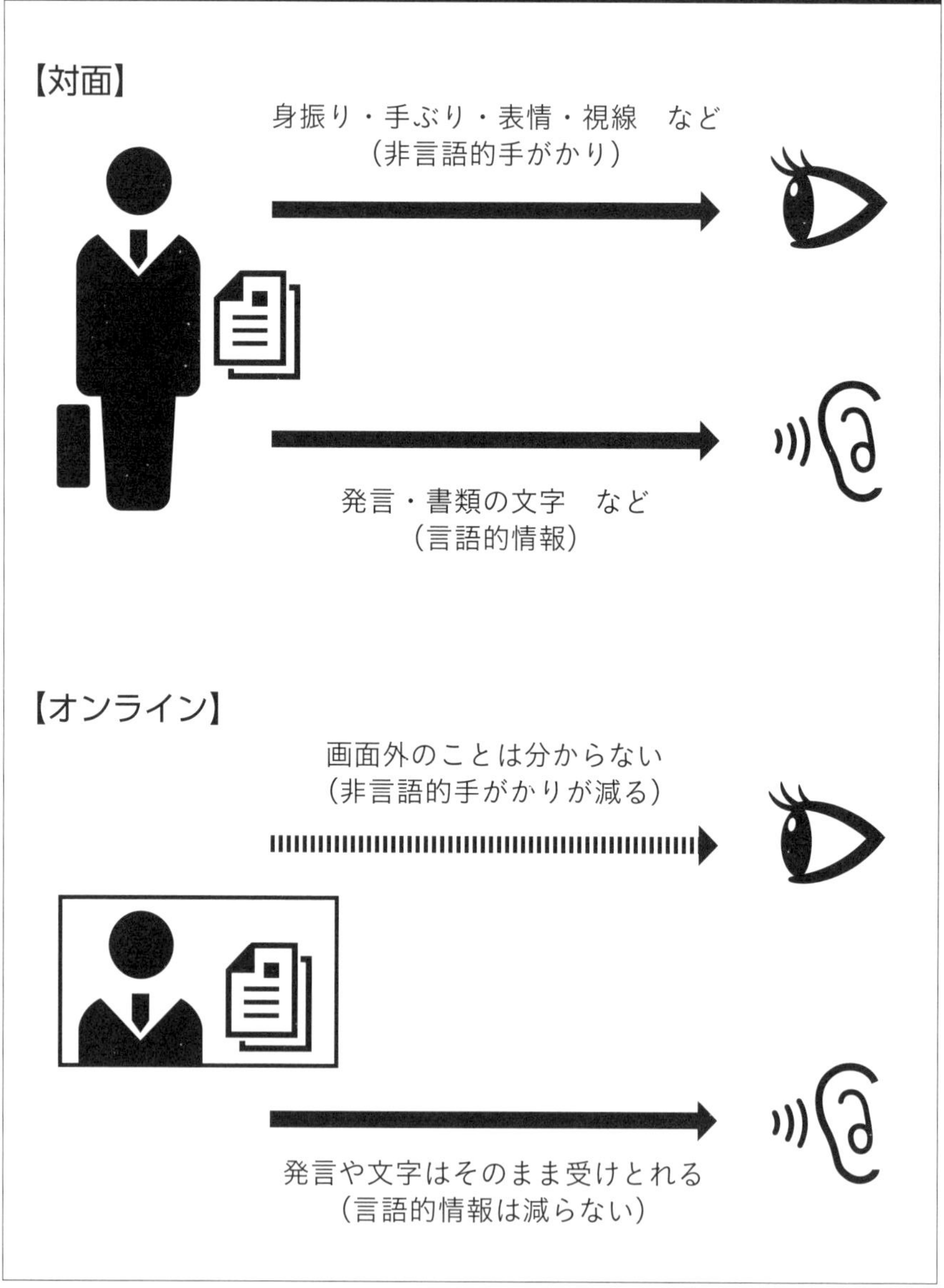
【対面】
身振り・手ぶり・表情・視線　など
（非言語的手がかり）
発言・書類の文字　など
（言語的情報）
【オンライン】
画面外のことは分からない
（非言語的手がかりが減る）
発言や文字はそのまま受けとれる
（言語的情報は減らない）

2つめは、技術や機器の問題が生じる点です。対面では相手の姿が見え、声もはっきりと聞こえるため、「今、何と言いましたか」と聞き返すことはあまりありません。他方でオンラインでは、参加者がそれぞれの環境でアクセスするため、声が途切れて聞こえない、映像の画質が悪い、インターネットの接続が切れるなどのトラブルが発生します。[(3)] オンライン面接においても、機器や環境の問題で円滑なコミュニケーションが取りにくくなります。

3つめの違いは、「同期性」が減る点です。[(4)] 対面でのコミュニケーションでは意識しませんが、例えば、メールやチャットなどの場合、回答が得られるまでのタイムラグがあります。これが「同期性の低い」状態です。候補者を対面のようにリアルタイムで評価しにくいのが、オンライン採用の特徴です。

（3）技術的な問題で会話に遅れが発生すると、発話がぶつかったり、ストレスが高まったりすることがわかっています。玉木秀和・東野豪・小林稔・井原雅行（2011）「遠隔会議における発話の衝突と精神的ストレスの関係」『情報処理学会研究報告』第6巻、1－6頁。

（4）同期性の軸でオンラインとオフラインのメディアに関する特徴を指摘した研究としては、Baltes, B. B., Dickson, M. W., Sherman, M. P., Bauer, C. C., and LaGanke, J. S. (2002). Computer-mediated communication and group decision making: A meta-analysis. Organization Behavior and Human Decision Processes, 87, 156-179.

4. オンライン化によって起こる採用の見直しとは?

対面とオンラインのハイブリッド採用

オンラインでのコミュニケーションについては、待ったなしで取り組まなければなりません。今年は多くの企業が手探り状態でオンライン化に対応しています。ただ、採用担当者が感じているのは、「オンラインだけで採用の工程全てを完結させるのは難しい」ということです。

これには、オンラインにおいて非言語的手がかりが得られにくいことが関係しています。ある研究によれば、対面のように非言語的手がかりが多い状況では、自分も相手も「伝わった感」が得られます。(5) 実際に理解できたかどうかではなく、「相手からの情報を理解できた感覚」があるのです。逆に言えば、オンラインではお互いに「必要な情報が得られていないのでは」と感じやすい。

一方で、オンラインのように非言語的手がかりが少ない状況では、「言語情報」は伝わりやすくなります。(6) 非言語的手がかりに左右されず、相手が語っている内容に集中できるからです。極端な例ですが、「水は水素と酸素から構成されている」ことを説明するときに、「水は水素と

図 1-2　非言語的手がかりが多いと……

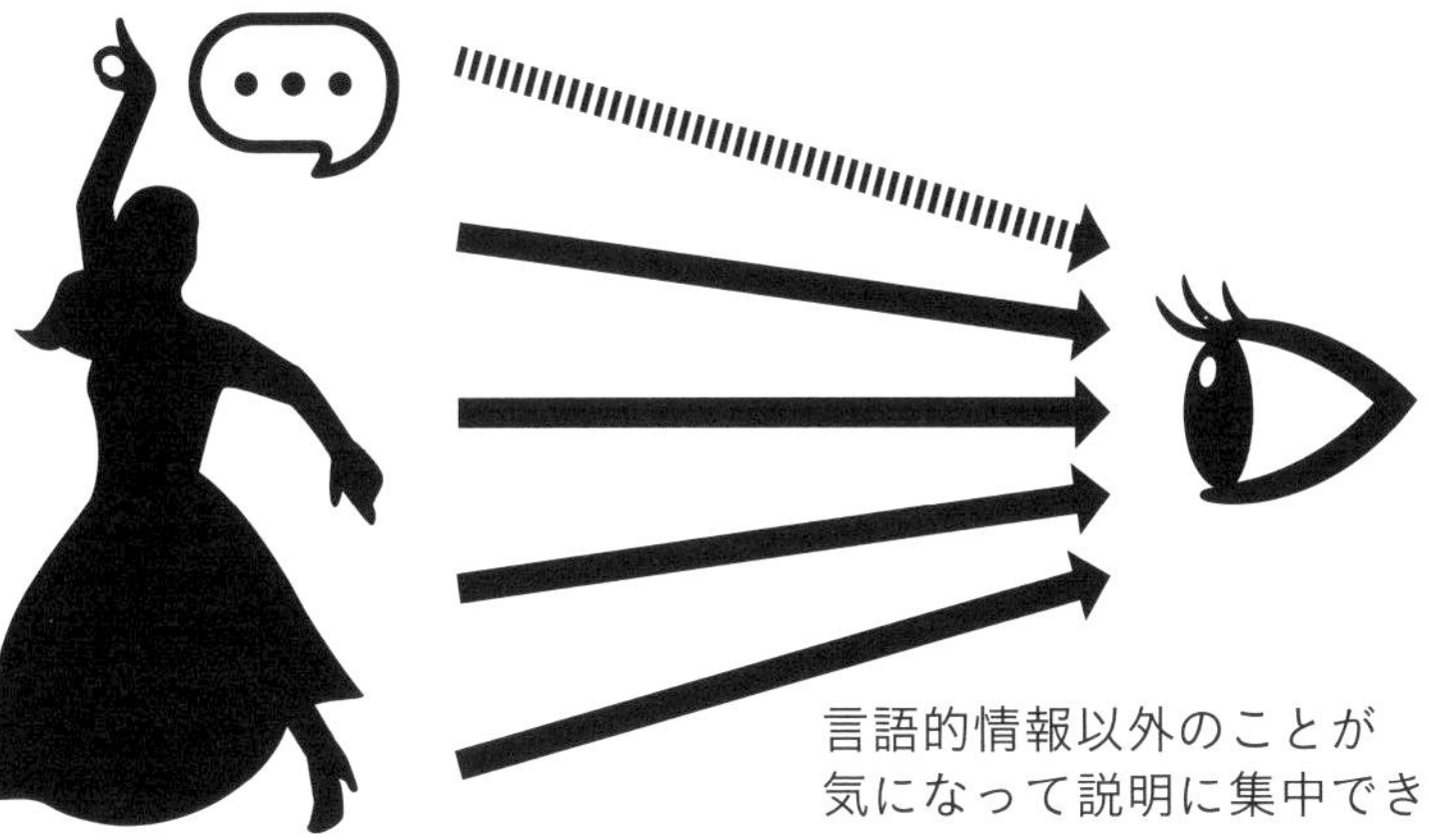
言語的情報以外のことが
気になって説明に集中できない

酸素から構成されています」と話すだけの場合と、踊りを交えながら伝える場合をイメージしてみてください。後者は踊りが気になって内容が頭に入ってきません。

ヒトの情報処理能力は有限です。複数の手がかりを示されると、特定の手がかりに対する注意が欠落してしまいます。

ここまでを整理しましょう。**対面状況では**

(5)「伝わっている感覚」と「伝わっている事実」については、例えば、杉谷陽子（2008）「インターネット上の口コミの有効性：情報の解釈と記憶における非言語的手がかりの効果」『産業・組織心理学研究』第22巻1号、39－50頁。

(6) 例えば、採用活動における遅れが、候補者の企業に対する印象に悪影響を及ぼすことを示した研究として、Rynes, S. L., Bretz, R. D., and Gerhart, B. (1991). The importance of recruitment in job choice: A different way of looking. Personnel Psychology, 44(3), 487-521.

情報は入ってきにくいのですが、伝わった感は得られます。それに対して、オンラインでは情報は入ってきますが、伝わった感は得られにくい。したがってオンラインでは、互いに相手のことを〝わかった気持ち〟になれず不安になるわけです。なお、同様の不安は候補者たちも感じているようで、最終面接は対面形式を望む人のほうが多いという調査結果もあります。

オンラインでの採用を進めると、企業側も候補者側も〝わかった感覚〟が得られず、いつまでも不安がぬぐえない可能性があります。実際、ある企業で弊社が実施した昨年と今年の内定者調査を比べると、同じ面接段階でも２０１９年より２０２０年のほうが「わかっていることが少ない」と答える傾向にありました。

こうなると、非言語的手がかりを得られる対面の機会を、採用プロセスのどこかに入れようと思うはずです。

「リアルとオンラインの組み合わせをどうするか」は避けて通れない論点です。現時点で、そのバランスまで考慮できている企業は少ない。今後は、「ハイブリッドな採用」をうまく組み立てる能力が求められます。

慣れた対面状況へ戻す前に考えるべきこと

オンラインで面接を進めると、対面状況で当たり前だったことができません。**従来の対面形式に慣れている私たちは、オンラインに対して「何かが足りない」とデメリットに目が向きがちです。**この背後にあるのは、対面は完全で、オンラインは不完全という考え方です。

しかし実際のところ、例えば対面でも非言語的手がかりに起因するバイアスの作動などの限界があり、この考え方には問題があります。私も採用コンサルティングの場で指摘することがあるのですが、「オンラインは不完全。対面なら上手くいくので、対面に戻したい」と考える採用担当者が実は多い。

もちろん、非言語的手がかりが業務遂行で求められる場合は、採用に対面状況を取り込む必然性があります。接客業などにおいては、ある種「第一印象がよい」ことが重要かもしれません。合理的な理由があるのなら、「非言語的手がかりを見る」という目的で対面面接を実施するとよいでしょう。しかし、業態、業務内容、働き方など何も意識せずに、とにかく対面に戻そうとするのはもったいないことです。

採用担当者の業務はよりクリエイティブに

これまでの採用担当者の業務には、オペレーションに近いものが多く含まれていました。抜かりのないオペレーションを行えば、例えば候補者に「この会社はしっかりしている」という印象を与えることができます。反対に、「この会社、連絡もきちんとしてこないけれど大丈夫?」と思われてしまえば、最終的に入社先として選んでもらいにくい。採用担当者にとっては、採用活動の一般化された〝勝ちパターン〟に則って、オペレーションを回すことが大切だったのです。

しかし、オンライン化によって多くの企業が採用の枠組みを見直しています。「オンライン面接をするにはどうしたらいいか？」「今までの2次面接は部長に見てもらっていたけれど、それでよいのか？」「部長面接もオンラインでよいのか？」といったことを考える必要があります。面接だけではありません。OB・OG訪問や説明会、フォローなどにおいても同様です。

採用担当者はいま、採用活動を改めて設計する、いわば「企画」をも担う必要があります。ミスの許されないオペレーションをしながら、同時に採用企画をクリエイティブに考えなければならない。簡単なことではありません。企画を考える中で、時には、既存の価値観を棄却しなければなりません。

これは考えようによっては、やりがいがある局面です。ベンチャーやスタートアップのように、何も決まっていない状態から採用を自分たちで考えていけるのです。日本の採用活動、特に新卒採用は慣例が強い領域でした。採用業界の「スタートアップ競争」がはじまります。

不確実性に直面した企業に何が起きる？

水をさすような内容になりますが、1つ考えさせられる研究を紹介します。想定外の事態などの不確実性に直面した企業は、「資源配分パターンを変える」のに、「組織ルーティンは強化」してしまうという研究です(7)。

もう少し詳しく解説しましょう。「資源配分のパターンを変える」というのは、「何にお金をかけて、どのように攻めるか」を変えることを意味します。つまり、不確実性を目前にすると、

図 1-3　不確実性に直面すると…

資源配分のパターンは変えるが
商談はオンラインでいいよ
分かりました！
組織ルーティンは維持・強化しがち
でも書類作成は社内で行ってね
結局出社が必要じゃないか……

企業はビジネスのやり方を変えるのです。コロナ禍で、商品・サービスを転換した企業は少なくありません。例えば、イートインでサービスを行っていた飲食店が、テイクアウトをはじめた様子は街中で確認できます。

その一方で、組織のマネジメントやルールなどは「慣性」が働きます。慣性とは「慣性の法則」の慣性ですが、ここでは「これまでのやり方を続けようとする強度」と考えてください。**「不確実性が高い状態」では、組織のルールやルーティンに働く慣性はむしろ強化されてしまう**のです。

(7) アメリカの新聞社の事例分析に基づいて、デジタル化という大きな変化は、リソースの慣性を打破するきっかけになる一方で、ルーティンの慣性を強化することが示されています。Gilbert, C. G. (2005). Unbundling the structure of inertia: Resource versus routine rigidity. Academy of Management Journal, 48(5), 741-763.

例えば会議。一時期、オンライン会議でも「上座はどこか？」ということが話題になりました。これは対面の慣例をオンラインでも踏襲《とうしゅう》しようとする「慣性」です。「上座／下座は本当に必要なのか？」を問い直してもよいはずなのに、慣例を続けようとする力が働いてしまうのです。

この傾向を「採用」に落とし込むとどうなるでしょう。採用活動は、労働市場に対する行動であるため、変化していく可能性があります。対して、採用チームでの働き方や雇用システムは簡単に変わらないかもしれません。例えば、候補者とはオンライン面接やメールでのやり取りにシフトする一方、面接官との情報共有や指導では対面で資料を手渡しするような状況が残るなどが考えられます。

求める人物像＝人材要件も変化する

働き方に変化があれば、仕事に求められる人物像も変わります。今までは客先に訪問して販売する営業スタイルであったけれど、対面がほとんどなくなるのであれば、インターネットを介して商談を行う能力が求められます。セールスパーソンとしての印象のよさより、インサイドセールスを支える人材が必要になります。

ただし現実には、人材要件にそこまで大きな変更は加わらないかもしれません。組織内の事柄に対しては前述のような慣性が働くからです。それに、そもそもコロナ禍以前から、人材要

図 1-4　人材要件を定めないと……？

自律的な人＝自発的に
組織への貢献を考えて
くれる人？
自律的な人＝
独りで黙々と
仕事ができる人？
自律的な人＝自分から
コミュニケーションが
取れる人？
自社の求める
人材を選べない

件をしっかり定めていない企業もあります。「変わるも何も……」という状態も想定できるのです。もし、人材要件を示していなければ、これを機に定めましょう。

他にも、以前から業務やキャリアについて、従業員に自律を求める動きがありました。仕事がオンライン化したことにより、「自律しないとマネジメントが機能しない」という意見がより強くなるかもしれません。

とはいえ、人材要件として「自律的な人」とするのは曖昧《あいまい》です。単に「自律的」とするだけでは、「何に／どのくらい／どのように自律しているのか」を採用チームで共有できません。人材要件の定義を統一できずにいると、各担当者で期待するものが異なり、自社の求める人材にたどり着けなくなります。業務の場面などを想定し、「期限を遵守してスケジュールを組むことができる」「期限前に成果物を提出できる」など、具体的にイメージしなければなりません。「主体的な人がほしい」「思考力がある人がよい」なども同様です。

補足的な話になりますが、企業が人材要件を明確に定められてこなかった背景に触れておきましょう。新卒者の場合、様々な業務を経験しながら中長期的に育成することを前提に採用が行われていました。採用の時点で十分な能力を備えていなくても、年月をかけて現場で成長させようと考えていたのです。

企業には今まで様々な人を採用・育成してきた実績があります。そのため、真面目で学習可能性が高い人が入社すれば「何とかなる」という感覚を持っています。このように、訓練によって能力が向上する余地を「訓練可能性」と呼びます。[8] 例えば、企業が学歴を見ていたのは訓練可能性を間接的に評価する意図があります。訓練可能性を見ればよかったため、これまでは厳密に採用時点での人材要件を定める必要がなかったのでしょう。

(8) 訓練可能性は、仕事競争モデルの中で提示されています。このモデルによれば、仕事の能力は入社後に身につくものであるため、企業としては、能力の身につく可能性が高い候補者を採用しようとします。Thurow, L. C. (1975). Generating Inequality: Mechanisms of Distribution in the US Economy, Basic Books, New York.

5. メンバーシップ型雇用はジョブ型雇用へ移行する？

雇用システムに関する議論の経緯

「メンバーシップ型雇用かジョブ型雇用か」という話題を耳にしたことはありますか。簡単に特徴の〝一部〟（雇用システムは様々な要素から構成されています）を対比すると、メンバーシップ型雇用はヒトに仕事を付与し、ジョブ型雇用は（賃金等の定義された）仕事にヒトを当てはめます。日本で一般に取られてきた雇用システムはメンバーシップ型雇用で、ヒトを中心に管理し、企業が主導して多様な仕事を割り振ってきました。一方で、欧米の企業はジョブ型雇用を採っているとされています(9)。

近年、日本でも「ジョブ型雇用を導入したほうがよいのではないか」という声は高まっていますが、ジョブ型雇用は万能ではありませんし、ジョブ型雇用への誤解も多いのが実情です。

(9) ジョブ型雇用とメンバーシップ型雇用の理念的な分類は、労働政策研究・研修機構労働政策研究所の濱口桂一郎氏によって提唱されたものです。

図 1-5　メンバーシップ型雇用とジョブ型雇用の主な特徴

メンバーシップ型雇用	ジョブ型雇用
・従業員に多様な仕事をあてがう	・仕事に従業員をあてがう（それぞれの仕事について賃金等が定義されている）
・役職無しからの採用が多い	・役職者や専門職としての採用も目立つ
・欠員を縦と横の異動で補充する	・欠員を外部からの採用で補充するほうが効率的
・企業の人事権が強く、従業員は配置転換に従う	・企業と従業員が交渉した上で、仕事につける人材が決まる

まずは日本において、ジョブ型雇用に注目が集まるようになった経緯を振り返ります。実は、ジョブ型雇用の動きは戦後直後からはじまっています[10]。そこから２０２０年の今まで、ジョブ型雇用の議論は繰り返し行われてきました。提案されては頓挫し、そしてまた提案されては頓挫してきたのです。

ジョブ型雇用と混同されがちなものに成果主義がありますが、「ジョブ型雇用＝成果で評価する雇用」ではありません。ジョブ型雇用は成果を評価することもありますし、プロセスを評価することもあります。ジョブ型雇用は、成果主義の議論とは区別すべきです。

ジョブ型雇用のように職務を決めて、それに付随して処遇すると、日本の企業のように、同期が同じようなペースで出世はしなくなります（「同期」という発想自体がメンバーシップ型雇用の産物です）。また、就いていた職務が不要になると、別の職務を担ってもらうべく企業と従業員が交渉したり、従業員が企業を去ったりすることになります。メンバーシップ型雇用のように、「この部署の労働需要が減ったため、こちらに異動してもらおう」という具合に、企業が人事権を行使することはできません。

コロナ禍で注目されるジョブ型雇用

コロナ禍以前にジョブ型雇用の議論が盛り上がった理由の1つは、企業が優秀な人材を採りたかったことにあります。ここ最近は売り手市場が続いており、優秀な人材を採りにくい状態にありました。従来のメンバーシップ型雇用のように、同期と同じ初任給や仕事内容で入社してもらう方式では、優秀な人材を獲得しにくい。「とりあえず下積みを10年お願いします」と企業に言われると、高い資質・能力を持つ人はその会社を敬遠します。企業としては優秀な人を雇うべく、より柔軟な選択肢を用意するため、「この難しい職務に対しては高い報酬を払います」と提示したかったのです（ただし、実際に職務と賃金等を紐づけた上で採用を行った企業は珍しく、初任給を高く設定した〝メンバーシップ型雇用の修正〟という形での運用が多かったのですが）。

新型コロナウイルス感染症の蔓延後、ジョブ型雇用への注目度はどうなったのでしょうか。インターネットの大手プラットフォーム、グーグルでの検索数がわかる「グーグルトレンド」

---

(10) 日本の労働政策は、終戦直後から1970年代初めまでジョブ型雇用を志向していたことが指摘されています。濱口桂一郎（2012）「雇用ミスマッチと法政策」『日本労働研究雑誌』第626巻、26－33頁。

図1-6 「ジョブ型」人気の動向

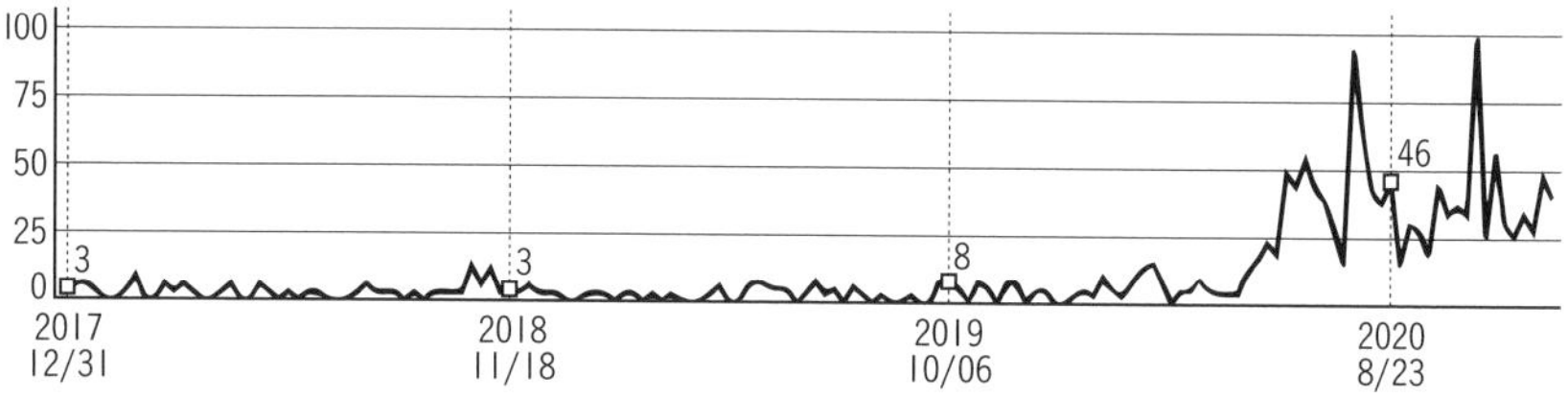

出典:Google Trends検索キーワード「ジョブ型」の推移(2020年12月22日調べ)

で〝ジョブ型〟という言葉を調べると、2020年4月以降では、図のように検索数が急増しています。日本では最初の「緊急事態宣言」が発令された頃から盛り上がりを見せ、同年8月には再び急上昇しています。このときは、富士通や日立などの大手企業がジョブ型雇用に移行するというニュースが出ていました。

なぜコロナ後に「ジョブ型」の検索数が伸びたのでしょうか。テレワーク環境になったことが大きいと考えられます。従業員が物理的に離れて働いているため、マネジメントしにくい状況が生まれました。そこで、職務を規定して自律させればよいと経営者や人事が考えて、ジョブ型雇用に注目が集まりました。やるべき内容を明確にすれば、従業員がセルフマネジメントできるだろうと期待したのです（後述するように、こうしたジョブ型雇用の捉え方は一面的で、誤解も含まれています）。**従来からの「優秀な人材を柔軟な条件で採用したい」という企業の意向**（ジョブ型雇用でないと、このことが実現できないのかは疑問ですが）**に加え、コロナ禍における「人材マネジメントへの不安を払拭する解」として、ジョブ型雇用に関心が集まりました**（それが本当に有効な解かどうかは別の話です）。

メンバーシップ型雇用が継続されてきた意味

日本の社会全体を考えると、たくさんの企業に同時に求められる優秀な人材層は一部です。いつの時代も一部の人材にしかオファーの集中は起きません（「一部」であることが優秀の定義に含まれるともいえます）。問題はそれ以外のボリュームゾーンの人たちです。その人たちに雇用不安を与えないようにしたり、きちんと育成したりすることが、多くの人が安心して働く上で重要です。

純粋なジョブ型雇用を志向すれば（欧米でもそのようには運用されていませんが）、企業が従業員の教育コストを支払うことに対してモチベーションを保てません。仕事を覚えなければ職に就けない若者は、企業に対して「安い賃金でもよいから、仕事を経験させてほしい」と集うことになるでしょう。例えば、アメリカのインターンシップには、こうした側面もあります。

今、日本では、メンバーシップ型雇用は批判の対象になりがちです。とはいえ、その制度が続いてきたわけですから、そこには何かしらの合理性があるはずです。様々な試行錯誤を経た上で企業がそのシステムを採り続けています。それは（どこまで自覚的であるかはさておき）各企業がメンバーシップ型雇用の価値を享受していたからです。

例えばメンバーシップ型雇用では、空いたポストに対して、同じ能力を持つ人を外部から採ってくる必要はなく、内部で昇格させればよいのですが、これは非常に効率的です。外部から調達しなければならないと、同業他社で人材の取り合いになります。他にも、多くの人に出世の機会が与えられている点も、メンバーシップ型雇用の長所です。長期にわたって仕事へのモチベーションを維持しやすい仕組みです。

採用に関する議論では、今までやってきたことの価値を省察し、その上で、変えてよいものと手放してはならないものを見極めることが重要です。変化の大きな社会情勢ですが、慌てるがあまり、先人が作り上げてきた重要な部分まで捨ててはなりません。

6. コロナによる不況が与える影響とは？

不況が与える雇用状況への影響

雇用状況に与える影響は、オンライン化よりも不況のほうが大きい。景気の急激な悪化が雇用に及ぼすインパクトについては、バブル崩壊後の動きが参考になります。日本企業が不況にどう対応したのか。(11) これは、コロナ禍の企業行動を推論する上でヒントになります。

バブル崩壊後に最初に起こったのは、残業時間の抑制です。残業代を減らそうとしたのです。次にボーナスを減額。続いて、新卒と中途の採用を抑制し、さらに、早期退職の希望者を募りました。バブル崩壊後、このように企業は、従業員の雇用に手をつけるのを後回しにしました。

同様の事象が今回のコロナ禍でも起こりつつあります。「ボーナスの平均支給額の低下」「新卒採用の見送り」「早期退職募集」といった報道からも、そのことがうかがえます。

---

(11) バブル経済崩壊後の企業の雇用に関連する対応については、次の文献で記されています。山本勲・黒田祥子（2014）『労働時間の経済分析 超高齢社会の働き方を展望する』日本経済新聞出版社。

人材の育成は誰が行うか

「これからの企業の人材育成をどうするか」も議題の1つです。新卒の育成については、すでにオンライン化の影響を受けています。人材育成も対面状況を前提として作られていたため、再構築が必要です。

また、経営状況が逼迫すると、新卒が一人前になるまでの間、余裕を持って育成できなくなります。不十分な育成環境に不満を覚えた若者の離職者が増えれば、企業は一層若者を教育するインセンティブを失います。

日本において若者の育成を担う機関の1つが企業です。しかし、企業が育成コストを避ければ、「新卒を育成するのは難しいから、スキルを持っている人を雇おう」となるかもしれません。とはいえ、ある程度スキルを高めて中途採用の市場に出るには、結局どこかで教育を受ける必要があります。

どの機関が若者の育成に投資するのか。この問題は、一企業で決められることではありません。ただし、この種の議論を理解した上で採用を進めなければ、社会としてやがて混乱が起きます。

第2章

これからの人材募集

～オンライン上の募集は
どうするべきか～

1. 募集段階で起きる変化とは?

Q. コロナ禍で候補者を集める方法は変わりますか?

A. ただ人数を集めればよいという考えからは転換が必要です。自社が求める人材に対しては企業から積極的にアプローチしましょう。

「たくさんの候補者を集めよう」は本当に正しい?

「候補者の募集」について考える際に外せないのが、1990年代後半に起きた採用を取り巻く変化です。この時期に、ナビサイトを利用した就職活動が一般化していきました。求人情報誌や、企業から学校に送られる求人票などによる紙での就職活動が、インターネットに移行しました。

これにより、求職者は求人情報を大量に得て、気軽に応募できるようになりました。企業も

図 2-1　ナビサイトによる就職活動の変化

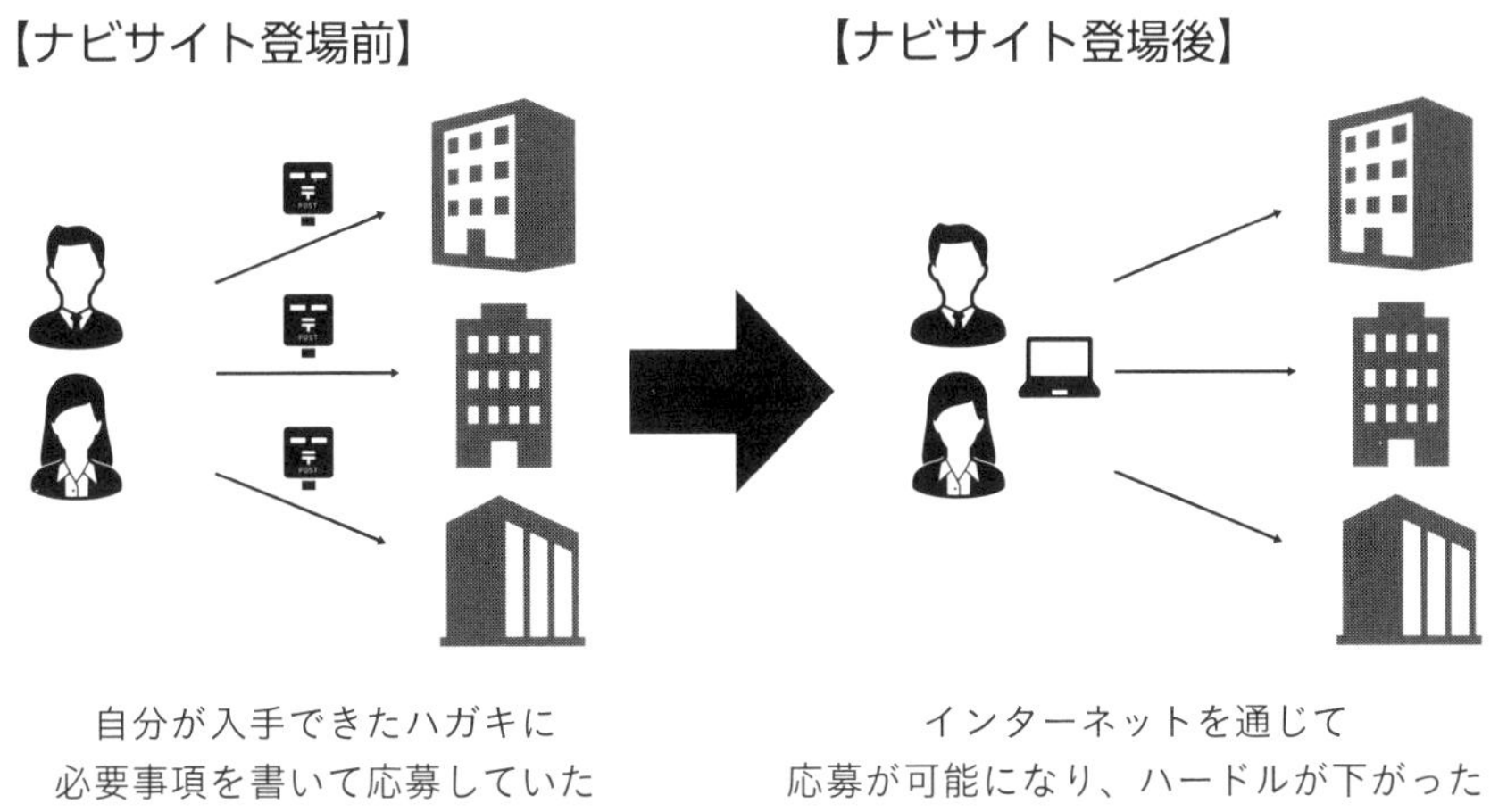
【ナビサイト登場前】
【ナビサイト登場後】
自分が入手できたハガキに
必要事項を書いて応募していた
インターネットを通じて
応募が可能になり、ハードルが下がった

より多くの求職者に情報を届け、多様な人材に応募してもらえるようになりました。ナビサイトは外部労働市場における幅広いマッチングを可能にした、有意義なサービスです。

　しかし現在、ナビサイトにおける応募の簡略化については、かえって企業の負担となっているという評価もあります。求職者がクリックするだけでエントリーできる気軽さの一方で、自社がほしい人材〝以外〟からも大量に応募が集まるようになりました。**ナビサイトの活用は、応募者数を増やしたものの、増えた候補者をどのように採用予定数まで選抜するかという課題を生み出しました。**企業は候補者を落とすことにエネルギーを割かなければならなくなったのです。

　この問題を根本的に解決するために、「たくさんの候補者を集めよう」という考え方を

図 2-2　候補者を集めすぎることによる課題

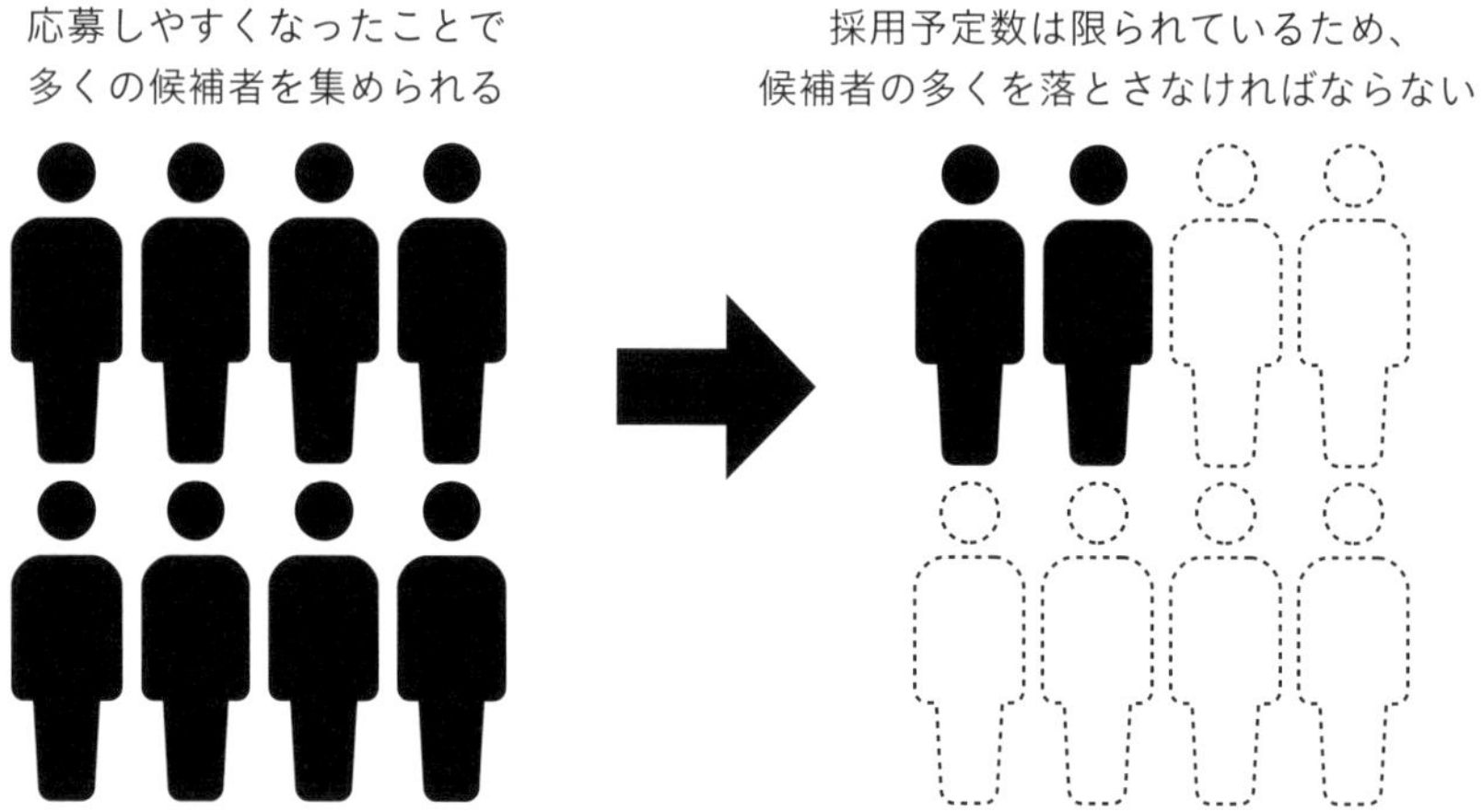
応募しやすくなったことで
多くの候補者を集められる
採用予定数は限られているため、
候補者の多くを落とさなければならない

再考するタイミングがきています。

ダイレクトリクルーティングでつながる

そのような中で注目されるようになったのが「ダイレクトリクルーティング」です。ダイレクトリクルーティングとは、求人サイトや人材紹介会社に頼らず、自社が採用したい候補者に対して直接アプローチする方法です。

採用のオンライン化によって、身振り手振りや表情、視線などの非言語的手がかりが十分に得られなくなると、候補者が得られる企業の情報は減りました。すると、従来から認知され、人気の高い企業にエントリーが集まりやすくなります。このことは、就活期間の短縮で企業を調べる時間が足りなくなった際に、メディアが扱う「就職人気ランキング」

の影響が強くなったことからもうかがえます。対して、知名度や資源で劣る企業でも対抗できる手法の1つが、ダイレクトリクルーティングです。

日本でもダイレクトリクルーティングのサービスは開発されています。例えば、求職者が自分の経歴や強み、スキルなどを登録し、企業からのオファーを待つサービスがあります。

実はこうしたサービスは、日本ならではの側面もあります。海外ではリンクトインなどの、ビジネスに特化したＳＮＳが広がりを見せており、候補者がそこに職務経歴などを記して企業とやり取りする活動が、主に中途採用で盛んです。ＳＮＳと聞くと、日本ではツイッターやフェイスブック、インスタグラムなどを思い浮かべますが、それらはどちらかというとプライベートな情報を発信することが主です。

ダイレクトリクルーティングは、企業からアプローチをしなければ入社を検討しないような人材の獲得に有効です。例えば、ある老舗和菓子屋が顧客情報をデータベース化し、その分析結果を基にネット通販を強化したいと考えているとします。しかし和菓子屋は食品業界のため、ＩＴ業界に従事していたり、大学などでデータ分析を学んでいたりする人材に振り向いてもらいにくい。こうした人材に対し、直接声をかけることで就職先の候補に加えてもらうのです。

2. 対面でのOB・OG訪問が難しくなることの影響は?

Q. 新卒採用において、対面でのOB・OG訪問が難しくなります。どのような影響が出ますか?

A. 候補者が企業に関する十分な情報を得られず、ステレオタイプに基づいて企業選びをする可能性があります。オンラインでは事実情報は伝えられますが、感情の伝達には向きません。今後、代替手段が開発されていくでしょう。

候補者がステレオタイプにひっぱられる

新型コロナウイルス感染症の影響以前からの問題ですが、候補者は選考プロセスにおいて、企業に関する情報を十分に得られていません。その企業がどのような事業をしているかという情報は、採用サイトなどで手に入ります。しかし、入社したら、自分はどのような人たちと、どのようなやり方で、どのように仕事をするのか、そして10年後の自分はどうなっているのかといった情報を得ることは困難です。就職・転職するからには、求職者は、自分がどのように働くのかをできる限り具体的にイメージしたいものです。

ところが、現在の選考プロセスでは、そうした情報が得られにくい。そこで候補者は従業員の言動や振る舞いに注意を払います。**その企業で働く従業員の様子を、企業のことを推測するためのシグナルとして受け止めています**(一)。

新型コロナウイルスの感染拡大によってオンライン採用が広まる中、候補者が得られる情報は一層少なくなっています。これまでも足りていなかったのに、「さらに」減少したのです。ある企業のＯＢ・ＯＧ訪問（２０２０年はオンライン面談）においては、２０１９年と比べて２０２０年は件数が増加しているようです。それだけ求職者が企業の情報に飢えているということです。

企業の情報が足りず、入社後の職業生活が想像できないと、自分がもともと持っているイメージから企業を選ぶ他はありません。大企業志向が進むかもしれません。「キツイ」と思われている仕事はますます敬遠されるでしょう。仕事や企業に対する印象を覆す機会がないまま、候補者は職業選択を終えます。

(一) 縦断的な調査の結果、採用担当者の能力をはじめとした採用活動での経験が、候補者によって組織の特徴を解釈する際に用いられることを突き止めた研究として、Rynes, S. L., Bretz, R. D., and Gerhart, B. (1991). The importance of recruitment in job choice: A different way of looking. Personnel Psychology, 44(3), 487-521.

図 2-3　ステレオタイプ強化の例

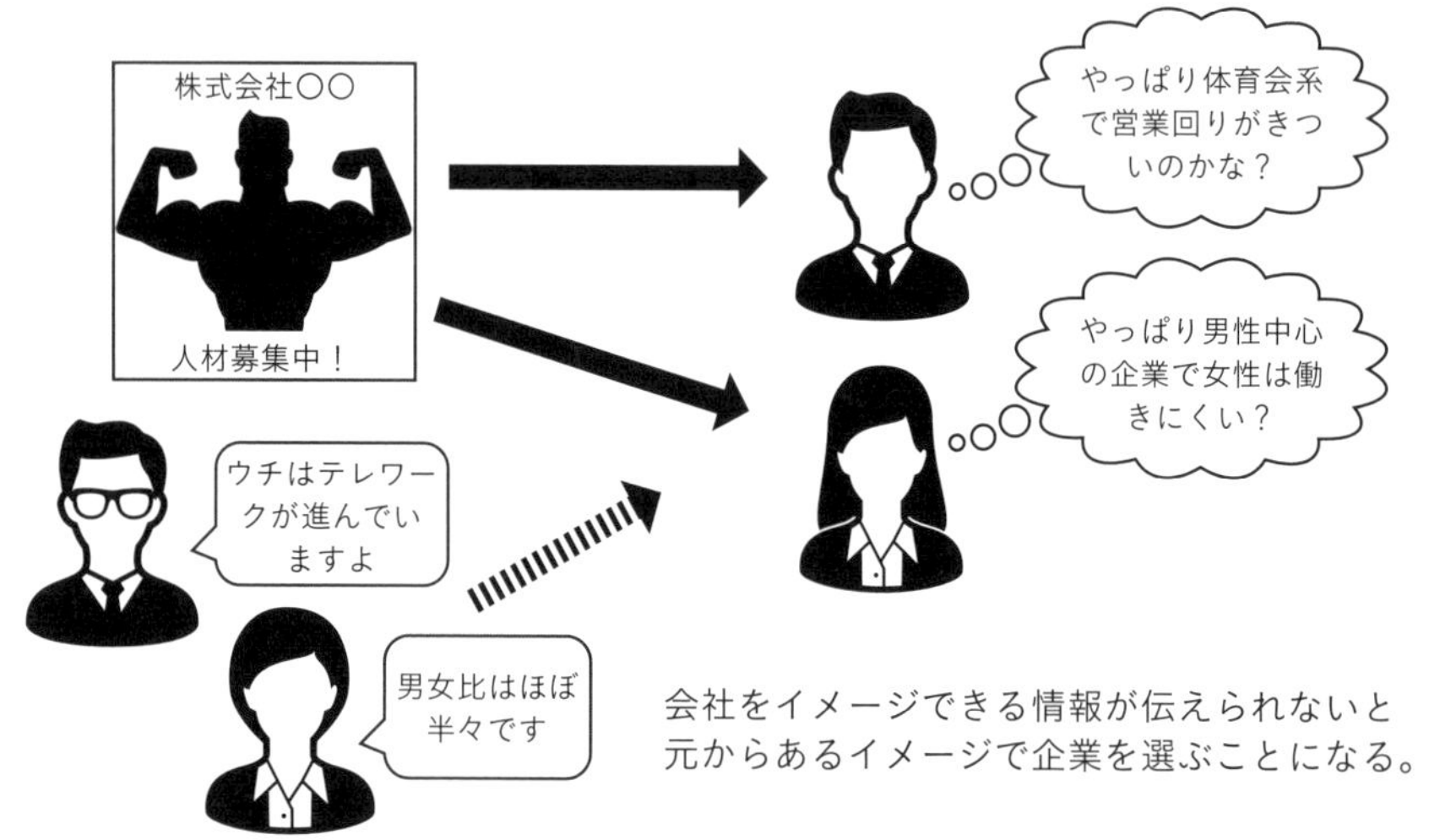
株式会社〇〇
人材募集中！
やっぱり体育会系で営業回りがきついのかな？
やっぱり男性中心の企業で女性は働きにくい？
ウチはテレワークが進んでいますよ
男女比はほぼ半々です
会社をイメージできる情報が伝えられないと
元からあるイメージで企業を選ぶことになる。

事前イメージに基づく選択により、どのような問題が起こるのでしょう。1つには「女性が就く仕事」と「男性が就く仕事」という性別ステレオタイプが、固定化される可能性があります。例えば、「男性／女性が就くもの」とされている仕事に対して、異性はあまり魅力を感じなくなります[2]。

こうした意識を打破するには、一定の関わりによる情報提供が必要です。ところがオンライン化が進むと、提供できる情報が減るため、性別ステレオタイプの影響を緩和しにくい。本来であれば性別関係なく能力を発揮できる仕事であったとしても、情報がなければ事前イメージを覆すことができません。求職者にとっては、その仕事に就く機会を失っていることになりますし、企業にとっても、優秀な人材を採り逃すことになります。

他にも、文系／理系のステレオタイプもあるでしょう。「文系／理系だから、この仕事は合っていない」などと思い込み、最初から選択肢を狭めてしまうのです。属性と絡めて、ステレオタイプに基づく選択をするのは惜しいことです。

オンライン化で得やすい情報と得にくい情報

第1章でもお伝えした通り、オンラインのコミュニケーションにより全ての情報伝達が遮られるわけではありません。改めて、オンラインの特徴を対面と比較しながら整理します。

オンラインが対面よりも優れているのは、「言葉で説明できる情報」が伝わりやすい点です。(3) 提示される内容について、相手方の感情や雰囲気を通さず理解することができるからです。

また、通信機器さえあれば両者のアポイントメント調整が容易である点も大きい。インターネットの普及した現在、スマートフォンでも一定のやり取りができます。会社情報や具体的な

(2) 男性らしさを感じる求人広告を見ると、女性の候補者はその職に魅力を感じなくなります。しかし、その職で求められる技術を持っていないと考えているわけではないことも分かっています。Gaucher, D., Friesen, J., and Kay, A. C. (2011). Evidence that gendered wording in job advertisements exists and sustains gender inequality. Journal of Personality and Social Psychology, 101(1), 109-128.

(3) オンラインは非言語的手がかりが十分に得られないため、対面よりも感情が伝わりにくくなります。深田博巳（1998）『インターパーソナルコミュニケーション：対人コミュニケーションの心理学』北大路書房。

図 2-4　オンラインと対面の比較

	言葉で説明できる情報	言葉で説明できない情報※	時間調整	感情・雰囲気※	伝達感（伝わった感）	伝えたいことの伝達度
オンライン	◎	△	○	△	△	◎
対面	○	○	△	○	○	○

※「言葉で説明できない情報」や「感情・雰囲気」は、本人の意図しない内容で伝わる可能性がある。

業務内容、雇用条件などの、明確かつ迅速に伝えたい情報については、採用サイトへの掲示や採用担当者・現場の従業員とのオンライン面接などで伝えるとよいでしょう。

一方で**オンラインが対面に及ばない点として、「言葉で説明できない情報」や「感情」、「雰囲気」などが伝わりにくいことが挙げられます。**先ほど挙げた相手方の感情や雰囲気を介さない点が、かえって欠点となります。（それが妥当であるかどうかという問題は横に置いておくとして）お互いの感情や雰囲気からわかる人柄や社風は、候補者が就職先を決める重要なファクターです。企業側も、人柄や社風に合うかを採用の決め手にしています。

これは繰り返しになりますが、相手のことを理解できた感覚が得られにくい（＝〝伝わった感〟が少ない）点も、オンライン採用の特徴です。採用と就職の手ごたえを企業と候補者の双方が感じにくく、入社の判断に不安を抱く要因になります。

「対面」の代替手段はあるのか？

残念ながら直接会うことの完全な代替手段はありません。しかし、この部分は「企業も候補者も困っている領域」でもあり、大きなニーズが生まれているとの見方もできます。

現段階では「コレ」とお伝えできないのですが、今後、言語化しにくいものを伝えるサービスが生み出されていくはずです。例えば、遠く離れた人がその場にいるかのような臨場感を与える、「テレプレゼンス」という技術の研究が進んでいます(4)。

とはいえ、新しいサービスがリリースされるのは早く見積もっても1、2年後。広く企業に普及することを考えると、もっと時間はかかります。それまでの間、どのような対策を採るかを考えなければなりません。

私は、オンラインを取り入れながらも、要所要所でリアルの場を設けていくことになるとみています。ヒトの特性上、言語化しにくい部分を確認し合うためには、対面でのコミュニケーションが明らかに有効です。少人数で面会するリアルの場を提供することが、1つの落とし

(4) 在宅勤務者を対象にした研究においては、テレプレゼンスの向上がモチベーションを高めるなどの効果があることが分かっています。Venkatesh, V., and Johnson, P. (2002). Telecommuting technology implementations: A within- and between-subjects longitudinal field study. Personnel Psychology, 55(3), 661-688.

ころではないでしょうか。

ＯＢ・ＯＧ訪問については、すべて対面でなければ実行できないわけではありません。少し前で「オンライン面談」という言葉を使いましたが、オンラインでのＯＢ・ＯＧ訪問という方法も考えられます。その際に重要になるのは、①候補者のニーズを汲み取ることと、②言葉で情報を伝達するように心がけること、という2点です。

例えば、候補者がＯＢ・ＯＧ訪問を通じてどのような情報を得たいのかを、採用担当者が聞き出します。そして、それらの情報を提示できるＯＢ・ＯＧを紹介するのです。紹介するＯＢ・ＯＧについても、人あたりのよさも大事ですが、オンラインの特性を活かせる、言語化の能力が高い従業員を選ぶなどの工夫があるとよいでしょう。

3. 口コミの重要度や活用度に変化はあるか？

Q. 非言語的手がかりが得られにくいことで、口コミなど第三者からの情報の価値が上がる可能性はありますか？

A. 口コミはますます重要になります。口コミが効果を発揮しやすいのは、「採用担当者からよりも現場社員から」「知人からよりも友人から」です。また、リファラル採用も有効な手段です。

人はどんな時に口コミを見るか？

あなたは、どんな時に商品の口コミをチェックしますか？　ご自身のことを振り返ると、口コミを求める候補者の心理も理解しやすくなります。

ヒトが口コミをチェックしたいと思う状況は、大きく分けて2つあります。[(5)]　1つめは、商品

（5）口コミの発生条件を含む消費者行動に関する知見をまとめた書籍として、Engel, J. F., Blackwell, R. D., and Miniard, P. W. (1995). Consumer Behavior (8th.). Dryden Press.

の情報を十分に持っていないとき。2つめは、購買にリスクが伴うときです。これらに当てはまると、口コミをチェックしようとします。例えば、不動産や自動車、旅行先の満足度などの口コミをチェックする人は多いでしょう。

就職や転職はモノを買うわけではありませんが、情報が少なく、自分の人生がかかっている点でリスクが伴います。その意味で口コミを参考にするのは自然な行動です。

有効な口コミとはどんなものか？

口コミは、信じるに値する情報だと感じるから、本人にとって役立ちます。[6] どのような口コミであれば、ヒトは信じるに値すると考えるのでしょう。大きく2つのポイントがあります。

①採用担当者よりも現場の従業員から

候補者にとって、会って間もない採用担当者は企業の代弁者として認識されます。採用担当者の言動は、企業の建前や理想として捉えられがちです。一方で、現場の従業員は企業の中枢から遠く感じられ、忌憚のない客観的な情報を伝えていると候補者に感じてもらえます。[7]

②知人よりも友人から

関係の親密度も、口コミを信じるかの指標となります。一般に、親密な人からの口コミのほうが信頼されます。[8]

このように「企業の中枢から離れた」「より親しい人物から」伝えられると、口コミの信頼度が高まります。

道具的ではなく象徴的な情報が有効

口コミの内容としては、どのようなものが求められているのでしょう。口コミでは「道具的な情報」よりも「象徴的な情報」が重視されます。

道具的な情報とは、言語化がしやすい企業の事実情報です。例えば、売上や従業員数、待遇、

(6) 口コミが企業の魅力度を高めると同時に、口コミが情報の信頼度を部分的に媒介して企業の魅力度を高める効果が明らかにされています。Van Hoye, G. (2012). Recruitment sources and organizational attraction: A field study of Belgian nurses. European Journal of Work and Organizational Psychology, 21(3), 376-391.

(7) ただし、面接官の提供する情報については、候補者に信頼度が低いと認識されるため、現場の従業員が面接官を務める場合には注意が必要です。Fisher, C. D., Ilgen, D. R., and Hoyer, W. D. (1979). Source credibility, information favorability, and job offer acceptance. Academy of Management Journal, 22(1), 94-103.

(8) 失業中の求職者を対象にした研究では、弱い紐帯（知人）より強い紐帯（友人）からの情報によって、求職者は企業を魅力的に感じやすいことが明らかになっています。Van Hoye, G., Weijters, B., Lievens, F., and Stockman, S. (2016). Social influences in recruitment: When is word-of-mouth most effective? International Journal of Selection and Assessment, 24, 42-53.

図2-5　人が信じやすくなる2つのポイント

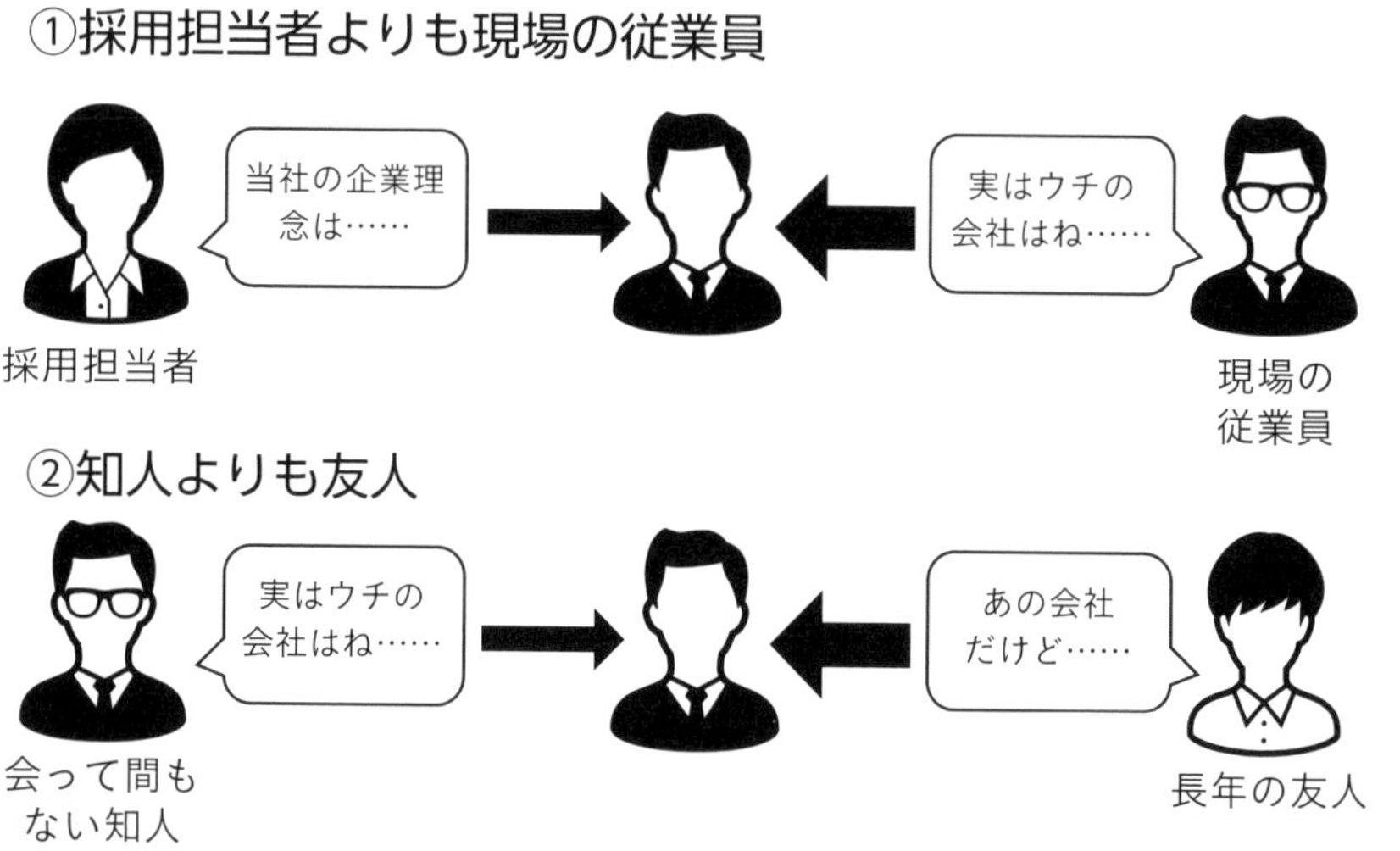
①採用担当者よりも現場の従業員
当社の企業理念は……
実はウチの会社はね……
採用担当者
現場の従業員
②知人よりも友人
実はウチの会社はね……
あの会社だけど……
会って間もない知人
長年の友人

福利厚生などの情報がそれに当たります。

一方で象徴的な情報は、働きがいやモチベーションの高さ、人間関係のよさなどの抽象度の高い情報です。道具的な情報は口コミ以外でも得られるため、象徴的な情報のほうが候補者にとって貴重です[9]。例えば、友人である現場の従業員から、「この会社の仕事はすごくやりがいがあるよ！」と聞けば、「この会社いいな」と思いやすいのです。

リファラル採用が一層効果を増す

口コミと同様、今後一層効果的になるのが、従業員が自分の知人を自社に紹介し、その人を採用する「リファラル採用」です。従来からアメリカでは主要な採用手法の1つでしたが、日本で注目されたのはここ最近です。新卒採用でも中途採用でも取り組む企業が増えています。優秀な人材を安定的に採用するために、リファラル採用に注目が集まりました。

リファラル採用は内定率や承諾率が高く、入社後の定着率もよいことがわかっています(10)。候補者は友人などから「働きがいがある会社だから来ない？」と誘われるので、口コミ効果が機能します。企業としても全く情報がない状態から選抜をするよりも、自社に合った人材を得られる可能性が高まります。

このように有効性の高いリファラル採用ですが、従業員に紹介行動をとってもらうにはどうすればよいのでしょうか。企業が一般に採る手段としては、従業員への「紹介ボーナス」があります。日本ではインセンティブともいいます。ただし、**研究の結果、「インセンティブはネガティブな結果が出る」ことが明らかになっています。**

インセンティブの存在を候補者に知られると、候補者側が「この人はお金目当てて自分を紹

---

(9) 象徴的な情報は、自分の性格とのフィットを感じられやすいため、有効であるという理由もあるかもしれません。Slaughter, J. E., Zickar, M. J., Highhouse, S., and Mohr, D. C. (2004). Personality trait inferences about organizations: Development of a measure and assessment of construct validity. Journal of Applied Psychology, 89(1), 85-103.

(10) 例えば、採用方法に関する研究をレビューした論文では、リファラル採用は離職低下に貢献することがわかっています。ただし、その効果はそこまで大きいわけではない点には注意が必要です。Zottoli, M. A., and Wanous, J. P. (2000). Recruitment source research: Current status and future directions. Human Resource Management Review, 10(4), 353-382.

介したのか」とマイナスの印象を抱くのです[11]。少し想像してみてください。インセンティブがなく純粋に「うちの会社は君に合うと思う。やりがいがあるから来てみない？」と言われるのと、インセンティブがあると知って「もしかしたら、インセンティブがあるから、自分は誘われているのでは？」と心の片隅で思いながら友人の話を聞くのとでは印象が違いませんか。

「それならインセンティブについて知られないようにすればよい」と考えるのは早計です。企業が意図的に候補者にインセンティブの情報を隠蔽した末に、候補者側が入社後にその存在を知ると、企業に対する不信感につながりかねません。

それに、そもそも従業員は知人にインセンティブがあることを伝えるケースのほうが多い。アメリカの調査では、多くの従業員が知人にインセンティブの存在を打ち明けていることが分かっています。

たとえ本当はお金目的でなかったとしても、友人関係に金銭の要素が持ち込まれると気になるものです。働く上で条件は変わらないのに、候補者にとって企業の魅力が減退するのは損です。インセンティブをつけると従業員側の紹介行動は促せるかもしれませんが、紹介された側の動機づけにはネガティブに働くのです。

インセンティブを設けることに課題があるとしたら、紹介行動をどう引き出せばよいのか。それは非常にシンプルで、**従業員の職務満足度を上げるのが大事です[12]。現在の仕事に満足していれば、友人に自社を紹介したくなります。**

図 2-6　リファラル採用の注意点

リファラル採用はメリットの多い採用活動だが……
勤めている彼が紹介するくらいだから、いい会社なんだろう
ウチの会社受けてみない？
彼はいい仕事するし、ウチの会社の雰囲気にも合っているはず
インセンティブのイメージが入ると魅力が下がる点に注意
彼が熱心だったのは自分の儲けになるからか……
実は紹介するとボーナスが……
得する気はなかったのに……それに隠し事はしたくなかった

結局のところ、リファラル採用を活発化させる方法はよい会社・職場をつくることに集約されるのです。経営者や現場と共同しながら、よい会社・職場をつくっていきましょう。

---

(11) インセンティブの存在を知っている場合、報酬の時期、規模、種類、受取人を変えても、企業の魅力度に対する悪影響は緩和されませんでした。どのようなケースでも、インセンティブの存在はネガティブに作用するということです。Stockman, S., Van Hoye, G., and Carpentier, M. (2017). The dark side of employee referral bonus programs: Potential applicants' awareness of a referral bonus and perceptions of organisational attractiveness. Applied Psychology: An International Review, 66(4), 599-627.

(12) どのような動機が従業員の紹介行動を促すのかを調査した研究では、例えば職務満足度や、自社に合った候補者を見つける手伝いをしたいという気持ちなどが重要であることがわかりました。Van Hoye, G. (2013). Recruiting through employee referrals: An examination of employees' motives. Human Performance, 26(5), 451-464.

4. 応募者を増やす上での留意点とは？

Q. 応募者を増やすために、採用サイトの拡充を検討しています。効果はありますか？

A. 採用サイトの拡充はブランドイメージの向上になりますが、それだけでは「応募」という行動にはつながりにくい。「たくさんの候補者を集める」ではなく「少人数でも自社に合う人材に応募してもらう」という考え方に変えましょう。

採用サイトの品質を考える前に

「ダイレクトリクルーティングでつながる」（P.48）でも触れましたが、採用担当者の方に理解していただきたいのは、候補者を多く集めることが正解ではない点です。１００人集めて90人落とし10人採用するよりも、10人の募集に対し、適切な人材が10人集まり採用ができるほうが効率的です。ほしい人材にマッチしない候補者がたくさん集まっても、選抜のコストがかかります。候補者にとっても、応募しても高確率で落とされる状態は、就職活動に費やす労力から考えて割に合いません。

もちろん、採用サイトに力を入れることは無意味ではありません。採用サイトには募集要項を掲載していますし、企業の特徴をつかんでもらう役割もあるからです。候補者の情報不足を緩和する足がかりにもなります。

採用サイトのデザインのよさやわかりやすさなどの品質は、企業に対する魅力につながります。しかし、企業のイメージアップと、そこから「その会社に入りたい」と思い、アクションを起こすかは別問題です。(13)

つまり求職者に応募してもらうには、採用サイトだけでは難しいということです。そのため、これまでは企業が、働き先としての魅力を伝えられるように、リクルーター制度をとったり説明会を実施したりしていました。採用サイト上の工夫はしたほうがよいのですが、それだけでは不十分だと理解しておきましょう。

セルフスクリーニングで候補者の質を上げる

中小企業の方からは、「応募者が集まりません」というお悩みを耳にします。応募者を増や

(13) 良質なウェブサイトは企業の魅力度を高める一方で、応募への意欲が必ずしも高まるわけではないことを指摘する研究もあります。Cober, R. T., Brown, D. J., Keeping, L. M., and Levy, P. E. (2004). Recruitment on the net: How do organizational web site characteristics influence applicant attraction? Journal of Management, 30(5), 623-646.

することだけを目的とするならば目立てばよく、キャッチーな採用方法でPRするなどが考えられます。しかし、候補者や社会の目を引くかどうかは、運やタイミングにもよりますし、センスも問われます。PRで集まってきた候補者が自社の求める人材かはわかりません。

むしろ私がお勧めしたいのは、闇雲に候補者を増やすことではなく、適切な人材が少数でもよいので応募する仕組みを作ることです。そこで有効なのが、「セルフスクリーニング」という考え方です。**セルフスクリーニングとは、候補者が業務内容や労働条件を理解して、自ら企業との適合性を判断し、応募する／しないを決めること**を指します。

例えば、（手前味噌で恐縮ですが）弊社はデータ分析が仕事の一部となっています。それができる人材がほしい。逆にいえば、データ分析ができない人材がたくさん選考を受けにきても困ります。採用されることがないのに応募があると、求職者にとっても企業にとっても無駄な作業が増えます。そうした事態を避けるために、募集をする際には「〇〇の分析を経験したことがある方で、△△を使えるスキルを持った方の応募をお待ちしています」と書いています。そうすることで候補者が、「自分は、その仕事はできないから応募はやめておこう」「人材要件に当てはまるので応募しよう」と判断することができます。

応募条件に経験やスキルを明記するだけでなく、選考プロセスでスキルを問う方法もあります。再び弊社を例にとれば、データ分析と先行研究を調べられる人材を採用しようとしたこと

図 2-7　セルフスクリーニングの例

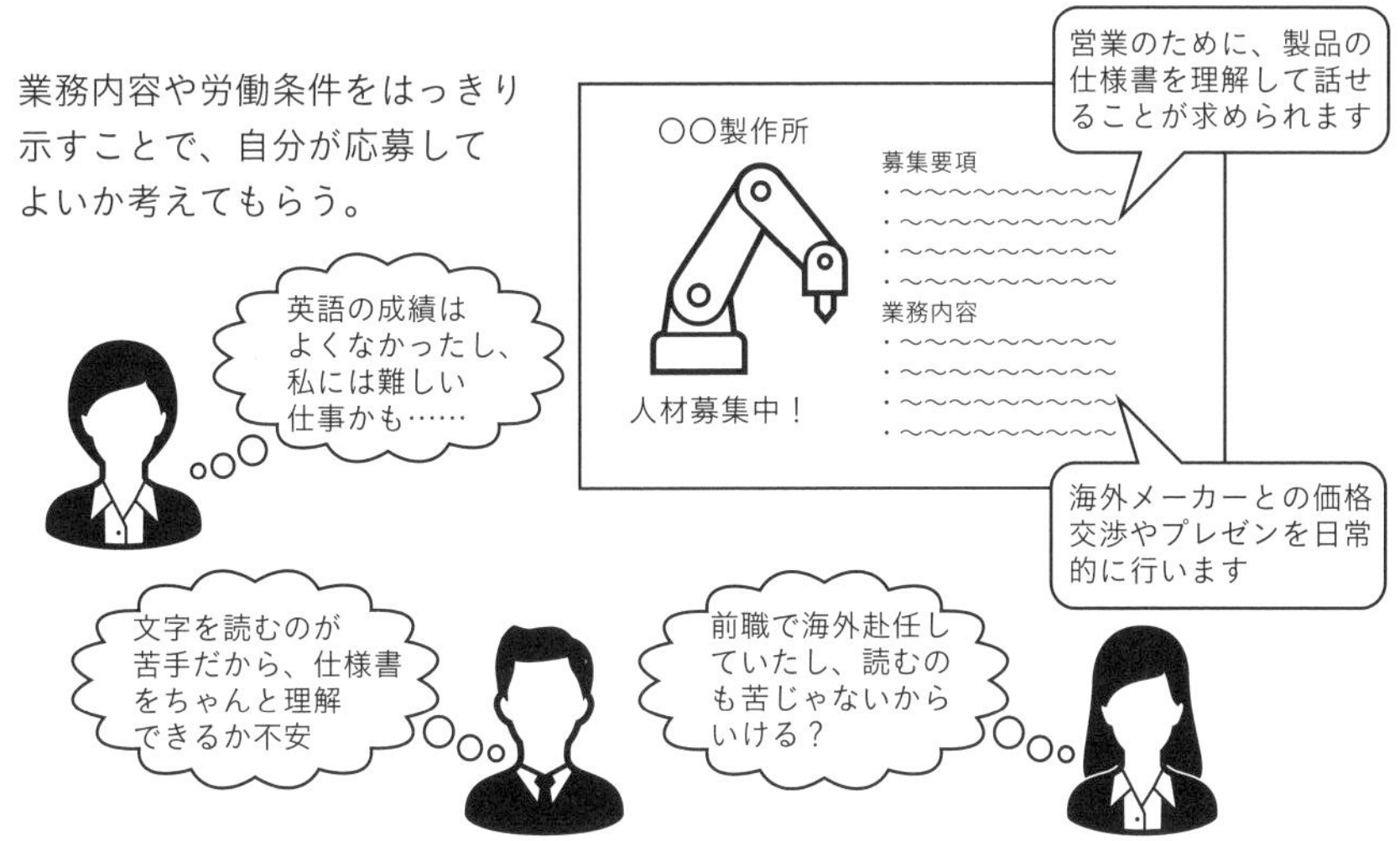
業務内容や労働条件をはっきり示すことで、自分が応募してよいか考えてもらう。
〇〇製作所
人材募集中！
募集要項
業務内容
営業のために、製品の仕様書を理解して話せることが求められます
海外メーカーとの価格交渉やプレゼンを日常的に行います
英語の成績はよくなかったし、私には難しい仕事かも……
文字を読むのが苦手だから、仕様書をちゃんと理解できるか不安
前職で海外赴任していたし、読むのも苦じゃないからいける？

があります。「こういう研究を調べてくださ い」「こういうデータを分析してください」など、選考プロセスで実務に近い課題を出しました。こうした課題を出すと、スキルを持っていない人は「やめておこう」と辞退し、企業としては候補者を絞ることに時間を割かずに済みます。候補者にとっても、他社の選考に時間をかけられるのでプラスです。さらには、仕事内容をイメージした上で応募してもらえるので、入社後のミスマッチを抑制することもできます。

他にも、「繁忙期になると残業が増える」など、自社の（一見ネガティブに見えるものの事実ではある）労働環境について伝えることも、セルフスクリーニングを作動させる方法です。**企業の実態をあらかじめ伝え、求職者に業務やキャリアについてイメージしてもら**

う方法を**「ＲＪＰ（Realistic Job Preview：現実的な仕事情報の事前開示）」といいます。**これは募集段階以後にも効果がありますが、詳しくはP.１４７で改めて解説します。

図2-8　RJPの主な効果

タイミング	効果
募集時	企業の実態に沿った情報を得ることで、自分に合った企業であるか求職者が自己判断できる（セルフスクリーニング）
選考時	企業のネガティブな情報も伝えることで、企業側と求職者側の理解を深め合い、志望動機（入社意欲）を高められる ※選考時にセルフスクリーニングが機能する場合もある
内定後	入社前のイメージと入社後の実態とのギャップによる衝撃（リアリティ・ショック）を和らげ、入社後の離職可能性を下げる
いつでも	ネガティブな情報まで開示する企業のスタンスが、情報公開や誠実性の面で企業イメージをむしろ高める

長い目で見て徐々に候補者群を絞る

ただし、いくら効果があるといっても、いきなり候補者群を小さくするのはこわいものです。私が採用コンサルティングでセルフスクリーニングの実施を提案するときも、考え方には肯定的なものの、導入に際しては「どうしても不安だ」という声をよく聞きます。そういう場合は、いきなり求職者のハードルを上げるような情報を提示するのではなく、少しずつセルフスクリーニングを効かせ、長い目で見て候補者群を減らしていきましょう。

自社の業務内容や労働条件に合った人材だけが応募すれば、候補者群の質を高めた状態で選考を進められます。候補者の人数を増やすよりも、質を高めることに労力を使うほうが、採用成果につながります。

とはいえ、「そもそも応募が来ないからスクリーニングしている場合ではない」と考える方もいます。求人に対して応募がないのは、採用担当者としてつらいところです。ただ、自社に合わない人を無理に採用しても、短期間で辞められてしまっては元も子もありません。かといって辞めずに残り、社内に不協和音が発生しても問題です。結果として、応募がない状況よりも企業と候補者双方の負担が大きくなることも考えられるため、やみくもに候補者を集めることはお勧めできません。

よく「優秀な人材がほしい」といいますが（本著でも「優秀な人材」という表現を何度か用いていますが）、少し考えてみてください。**採用で大事なのは、自社に合った人材を獲得することです。様々な企業からオファーがあるような候補者に応募してもらうことではありません。**

極論をいえば、自社でのみ活躍できる人材を採るという考え方もあります。他の会社ではあまり求められていないけれど、自社では喉から手が出るほどほしい人物像が見えていれば、他社との競争に巻き込まれることなく採用できます。さすがにそこまでの水準に到達できる企業はごく一部ですが、人材要件の設定を工夫し、セルフスクリーニングをうまく促すことで「一般にはあまり評価が高くない人」が、自社では「是非ほしい人材」に転換します。

5. オンライン説明会は集合での説明会の代わりになるか？

Q. コロナ禍で集合での説明会が開けなくなりました。オンライン説明会で代替することは可能でしょうか？

A. すでにオンライン説明会を実施している企業はあります。とはいえ、完全に効果を代替することは難しそうです。オンラインならではの工夫を積み上げて、効果を少しでも高めましょう。

オンライン説明会の同期型と非同期型

集合での会社説明会が実施できないため、オンライン説明会の実施が広がっています。2020年3月時点においても2割弱の企業が「今年度からオンライン説明会を実施する」と回答しています。本著が刊行されるタイミングではもっと増えているでしょう。

まずオンライン説明会は、2つのパターンに分かれます。それは、同期か非同期かの違いです。

①同期型のオンライン説明会

リアルタイムで説明会を実施する形式です。いわゆる、「ライブ配信」です。候補者からの質問に答えるなど双方向のやりとりが可能です。参加型にできるのが最大のメリットです。一方で、配信トラブルが起こる恐れがあります。

②非同期型のオンライン説明会

非同期は「録画配信」です。メリットとしては、説明会の動画を録り直したり編集したりできる点です。

説明会動画を作っておけば、中途採用でも使えます。これまで中途採用ではあまり説明会が行われておらず、自社の情報については面接で説明する程度でした。非同期のオンライン説明会をうまく活用すれば、中途採用者の企業理解や動機づけに役立ちます。

候補者にとっては「見返すことができること」もメリットです。オンライン説明会を見返して、その企業の情報を再チェックしたり、志望度を高めるきっかけになったりするかもしれません。

非同期型のデメリットは、同期型とは違い、求職者からリアルタイムで質問を受けることができない点です。新たな情報が加わると、収録し直す必要もあります。

同期と非同期はそれぞれのよさがあるため、その点を理解してオンライン説明会をつくっていきましょう。

説明会のオンライン化とその対策

説明会がオンラインになると、候補者に何が起こるでしょうか。何度か説明している内容もありますが、改めて整理します。

①非言語的手がかりが減少する
②言語化できる情報は伝わりやすくなる
③他の候補者の観察が難しくなる
④「伝達感」は下がるが、「伝達度」は上がる[14]

①②④については、「2.対面でのOB・OG訪問が難しくなることの影響は?」(P.50〜)で

図 2-9　オンライン説明会の課題と対応

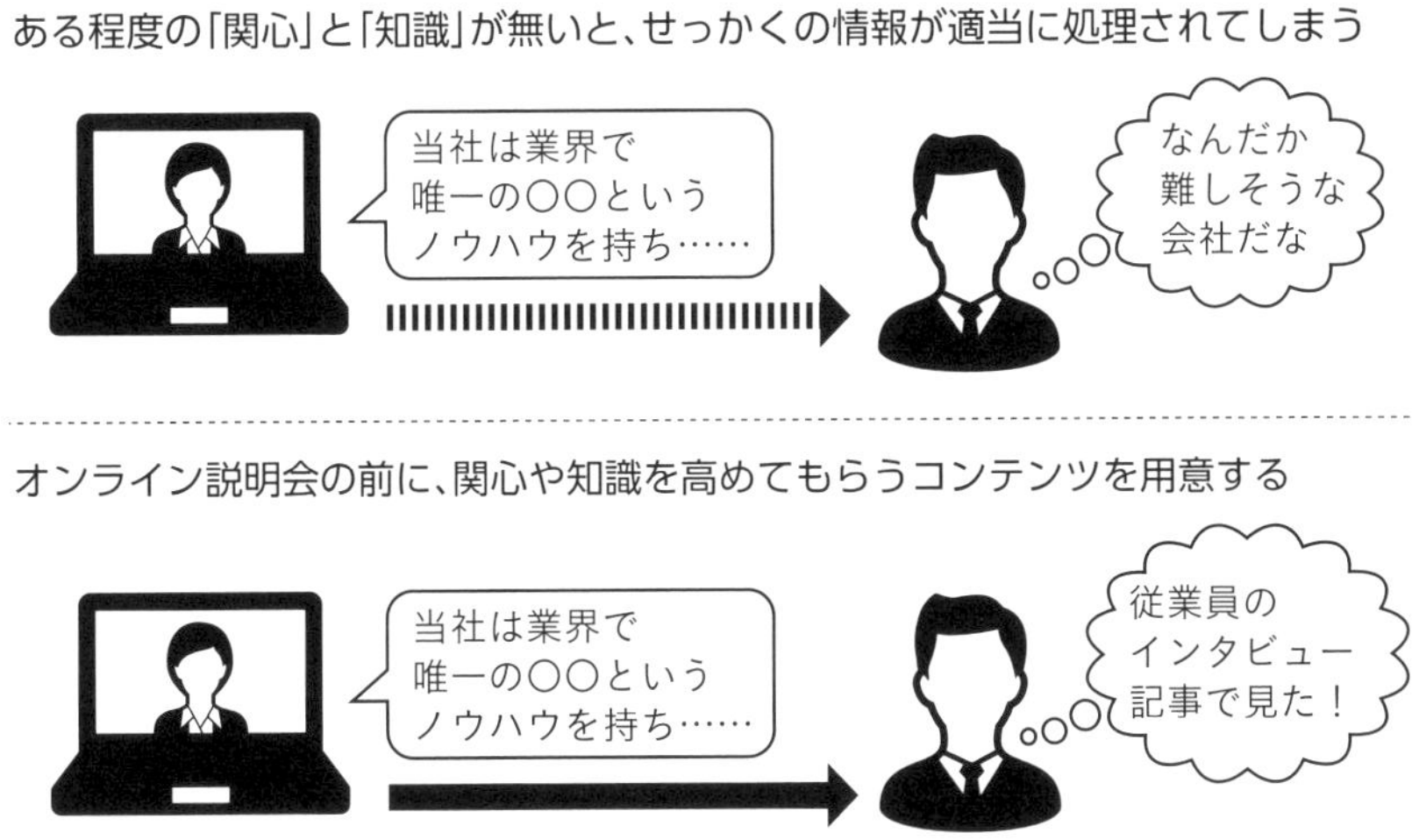
ある程度の「関心」と「知識」が無いと、せっかくの情報が適当に処理されてしまう
当社は業界で
唯一の○○という
ノウハウを持ち……
なんだか
難しそうな
会社だな
オンライン説明会の前に、関心や知識を高めてもらうコンテンツを用意する
当社は業界で
唯一の○○という
ノウハウを持ち……
従業員の
インタビュー
記事で見た！

お伝えしたことと同様です。「非言語的手がかり」が減るため、伝えたい情報の言語化が必要になります。また、「伝達感（相手の話を理解できた感覚）」が下がることで、候補者が消化不良を起こす可能性があります。説明会の最後に候補者から感想を求めて解消を図るなどの方法があります。いずれにせよ、例年より説明会単体での志望度上昇は難しい点は留意しましょう。

また、③のようにオンライン説明会では、候補者が他の候補者を観察することが困難です。候補者はお互いの人柄や雰囲気を見て、

(14) 逆に、対面状況では伝達感が高いものの、伝達度はそこまで高くはないことが検証されています。主観的に感じているよりも客観的には伝わっていないということです。杉谷陽子（2008）「インターネット上の口コミの有効性：情報の解釈と記憶における非言語的手がかりの効果」『産業・組織心理学研究』第22巻1号、39－50頁。

入社後の「同期」をイメージしますが、オンラインだとそれが難しくなります。

一方でオンライン説明会は、候補者が気軽に参加でき、緊張しにくいことがわかっています。対面と比べてオンラインのほうが緊張のサインである、「顔を触る動作」が減少するというエビデンスもあります[15]。

緊張感が減る理由としては、体の一部分しか露出していないことや、その場の雰囲気を共有していないことなどが考えられています。

採用でなくとも、例えば、クライアントと対面で打ち合わせをする際に、役職者が同席すると緊張が走ります。しかし、打ち合わせがオンライン会議であれば、そこまでの緊張はしないのではないでしょうか。

こうした効果からか、実際にオンラインのほうが、参加者が質問しやすい環境になります。チャットなどのツールを用いて、参加型の説明会として運営することもできます。

オンライン説明会の課題とは？

オンライン説明会の課題は、候補者の聞き流しや離脱が発生することです。ヒトが提供された情報を処理するときには、「きちんと処理する」か「適当に処理する」という2つの処理パターンがあります[16]。

当然ですが企業としては、適当に聞いてほしくはありません。必要な情報を吸収してほしいと思い、説明会を作っているはずです。聞き流されては、それが果たされません。

また、適当に聞き流している場合、言語以外の情報が評価の対象になります。オンライン説明会でいえば、「画質がいい」「デザインがいい」「声が聞き取りやすい」などの周辺的な観点で、候補者が企業に対する評価をくだすのです。これでは、情報伝達に強いオンライン説明会のよさが半減します。

どうすれば候補者がオンライン説明会をきちんと聞いてくれるのでしょうか。候補者の企業への一定の「関心」と「知識」が必要です。それらがなければ、候補者はしっかりと情報を処理しません。「気軽に参加できる」オンライン説明会では、関心や知識がないまま参加している可能性もあります。

例えば、証券会社の営業職で採用活動を行う場合、「うちの会社の仕事はこんな感じです」

---

(15) 異性のペアで実験を行ったところ、対面よりオンラインのほうが被験者の顔を触る回数が少ないことが明らかになりました。Croes, E. A., Antheunis, M. L., Schouten, A. P., and Krahmer, E. J. (2019). Social attraction in video-mediated communication: The role of nonverbal affiliative behavior. Journal of Social and Personal Relationships, 36, 1210-1232.

(16) 2つの情報処理パターンを示した理論は「精緻化見込みモデル」と呼ばれます。以降は精緻化見込みモデルを参考にした説明になっています。なお、きちんと処理した場合（中心ルートと呼ばれます）は長期的な行動変容がもたらされやすいことが提起されています。Petty, R. E. and Cacioppo, J. T. (1986). The elaboration likelihood model of persuasion. In L. Berkowitz (Ed.) Advances in Experimental Social Psychology, 19. New York: Academic Press.

と言っても、関心と知識がなければ候補者の頭には入ってきません。説明会の内容を聞いてもらうために、まずは関心を高めたり、知識を提供したりするステップが必要になります。

しかし、オンライン説明会のなかだけで関心と知識を高めるのは難しい。説明会以前に興味を持ってもらってから、説明会に誘導するような工夫が求められます。例えば、「証券業界とは何か」という知識と関心を高めるための動画を閲覧してから説明会に進むなどの方法が考えられます。弊社でこれまで実施した内定者・辞退者調査においては、関心を高められないまま選考に進んだ候補者は、選考途中や内定後に辞退しやすい傾向にあるため、注意してください。

他にも、採用に活かすことを目的に、自社の従業員の働きぶりなどを紹介するオウンドメディアの記事を、事前情報として提供することもできます。弊社が、印象に残った採用サイトのページについて、ある企業の内定者に聞き取りを行ったところ、従業員の登場するページが多く挙げられました。

採用のオウンドメディアは数年前に流行し、多くの企業が飛びつきました。しかし、一定のペースで質の高い情報を発信していかなければならず、運用しきれなかった企業もありました。今再び、コロナ禍に候補者が情報を得られる貴重な情報源としてオウンドメディアに注目が集まっています。オンライン説明会と合わせて活用を検討しましょう。

オンライン説明会の6つのポイント

効果的なオンライン説明会を作るには、6つのポイントがあります。[17] このパートの最後に、それらを紹介しましょう。

①動画の時間は短めにする

オンライン説明会は、対面の説明会よりも短く設定しましょう。非同期型の動画の場合、9分を超えると離脱する人が増えることがわかっています。3分以内の動画が最もしっかり視られています。どうしても長くなる場合、例えば全体で60分の解説時間が必要だったとしても、細かく要素分解し、1つのまとまりを短くしましょう。

ある企業で約40分の動画を連続配信したところ、最初の10分程度のうちに配信したコンテンツばかりが内定者の印象に残っていた、という調査結果も出ています。

同期型であれば、質疑応答や感想のシェアを10分ごとに入れるなど、メリハリが必要です。

(17) この項目における記述は、動画講義に関する次の研究を参照しています。Guo, P. J., Kim, J., and Rubin, R. (2014, March). How video production affects student engagement: An empirical study of MOOC videos. In Proceedings of the first ACM conference on Learning@ scale conference.

②配信者が慣れた場所から顔見せで説明する

オンライン説明会を配信するとなると、スタジオを借りるなど様々な準備が必要かと思われがちです。しかし、環境整備はそこまで功を奏しません。というのも、オフィスの机の前に座ってラフに話したほうが、視聴者が「自分に話しかけてもらえている」という感覚を得られるからです。慣れ親しんだ場所から、話者の顔が見える方法で配信しましょう。

③話すスピードは普段と同じか少し速め

オンライン説明会では候補者に内容を理解してもらおうと、ゆっくり話そうとする人もいます。しかし、むしろ話すスピードは「速い」ほうが、その動画をきちんと視ることがわかっています。オンラインのコミュニケーションにおいては、発話速度と社会的魅力が相関することを示す研究もあります。[18] 意図的にゆっくり話すことは避け、普段どおりか、少し速めに話しましょう。

④オンライン説明会用のコンテンツを準備する

対面説明会の様子を録画して、オンライン説明会として利用する企業もあります。しかし、オンライン説明会のために専用のコンテンツを制作したほうが、候補者はきちんと視てくれます。

⑤オンライン説明会以外でも候補者に情報を提供する

前述の通り、オンライン説明会とあわせて別の解説動画や資料、オンライン記事などを届けることで、説明会の内容がさらに頭に入りやすくなります。

⑥候補者が価値を実感できるコンテンツを作る

「おもしろい」「重要だ」と感じてもらえるようなコンテンツを作らなければ、動画から離脱する候補者は増えます。例えば、就活やキャリア形成につながる情報を提供するなど、候補者のニーズに寄り添った内容にしましょう。

このようにオンライン説明会は、対面の集合説明会とは異なる配慮が必要になります。なお、オンライン説明会という慣れない方法に、候補者も様々な戸惑いを抱いています。候補者ファーストの視点を持って、「オンライン説明会の聞き方講座」の動画などを制作するのもよいでしょう。

---

(18) 相手の発話のスピードが速いほど、相手を魅力的に感じるという結果が得られています。早口で話すほうが快活で友好的に見えることが要因の1つとして挙げられています。Croes, E. A., Antheunis, M. L., Schouten, A. P., and Krahmer, E. J. (2019). Social attraction in video-mediated communication: The role of nonverbal affiliative behavior. Journal of social and personal relationships, 36(4), 1210-1232

第3章

これからの選考

～書類選考や面接の適切なオンライン化とは～

1. オンライン化の影響で、書類選考に変化はあるか？

Q. 選考の工程をオンライン化しようと思うのですが、書類選考の項目などを変えたほうがよいでしょうか？

A. 採用のオンライン化で初めに取り組むべきは、人材要件の設定、それから、面接の「構造化」です。自社に必要な能力や資質を明確化し、面接で聞く質問を設計してから、面接では聞けない内容を書類選考で確認しましょう。

書類選考における課題

P.41の「メンバーシップ型雇用が継続されてきた意味」において、日本の採用では、「訓練可能性（社内の育成でどのくらい能力を高められるか）」が重視されていることを説明しました。訓練可能性を見極める方法の1つとして使われてきたのが、エントリーシートに代表される書

図 3-1　エントリーシートの問題

大量のエントリーシートを読み込む時間がない
ぱっと見で落とせるのは落として、残りを読もう
企業側
かといって適当に読むのもよくない
エントリーシートの記入欄が多くて時間がかかる
求職者側
大学の課題の時間を削って取り組むしかないいな
でも適当に書いて選考に進めなくなるのは困る

類選考です。例えば、書類選考で候補者が書く内容には、多くの場合「学歴」があります。勉学に励んできた程度を書いてもらうことで、訓練可能性を探る手がかりになると考えたのでしょう。

とはいえ、書類選考に関しては、従来から議論のあるところです。とりわけ、新卒採用のエントリーシートには様々な意見が出されています。候補者側と企業側、それぞれに目を向けてみましょう。

①候補者側にとっての負担

候補者にとって、エントリーシートの記入は手間のかかる作業です。企業それぞれが問いを出し、それをエントリーする会社ごとに書かなければならないからです。1社あたり2時間くらいかかるという話もあります。10社受けるとなると、これだけで20時間は取られるわけです。エントリーシートの書き方を学んだり添削を依頼したりしたら、ますます時間がかかります。この時間をなくせば、候補者は学業や社会活動など他のことに時間を使えます。

エントリーシートが、選抜手法として適切に機能していればまだよいかもしれません。ところが、エントリーシートの質問事項は、明確で論理的な意図を持たないまま設定されている場合もあります。なんとなく設定された質問に、候補者が必死で取り組んでいるとしたら、非常に残念なことです。

②企業側にとっての負担

大量エントリーを受けつける会社では、10万通以上のエントリーシートが送られてきます。しかも、それらを短期間でジャッジしなければなりません。エントリーシートによる選抜をアウトソーシングすることもあります。あるいは、「文字数が足りていない」「資格を持っていない」などパッと見でわかる基準で落とす企業もあります。2時間かけて書いたエントリーシートが、そうした機械的な基準で見極められていては候補者も報われません。

候補者にとっても企業にとっても、書類選考はハードな作業となっています。そこにかけている時間は社会的に見れば大きなロスです。

そこで**立ち止まって考えていただきたいのが、「エントリーシートをはじめとした書類選考は必要なのか?」ということ**です。もっと考えていくと、「そもそも書類選考で振い落さなければならないほど、大量の応募は必要なのか？」という議論にもなります。

まず面接の「構造化」に取り組む

「エントリーシートや書類選考は必要なのか？」という問いに答えるために、まず検討すべきは、「面接でジャッジすべき能力や性格が明確かどうか」です。何を見極める質問かを考え、事前に面接を設計する「構造化」が必要です。

ジャッジすべき能力や性格とは、すなわち人材要件のことです。どういう能力や性格を持った人に入社してほしいかが定まってくると、選考を設計しやすい。面接でも、「どのようなことを聞いた際に、どのような回答をする人が、自社に合っているのか」が見えてきます。オンラインの状況下で非言語的手がかりが得られにくくても、ジャッジすべき能力や性格が明確であれば、面接は構造化できます。

面接を構造化すると、逆に面接では確認できないことも明らかになります。

書類選考の位置づけを考えるステップ

面接での構造化ができれば、面接において見極めにくいものを見極めるための1つの手段として書類を活用することもできます。そうすることで、書類選考の位置づけもはっきりとします。選考設計のステップをまとめましょう。

①どのような能力を持った人材がほしいかを明確化する
②面接でどのような質問をして適性を見極めるかを決める
③面接で聞けない（聞きにくい）ことの一部を書類で補う

このステップを踏めば、書類選考は有益な方法になります。採用コンサルティングを行っていて思うのは、面接と書類選考の関係性を整理しないまま、採用活動を行っている企業があることです。面接で確認することを書類選考でも書かせたり、人材要件にない能力や性格を何度も確認していたりするなど、候補者にも企業にも非効率なことが行われています。

他にも、エントリーシートで書いた内容と同じようなことを面接でも質問することがあります。候補者からすれば「頑張って書いたのに、まったく読んでいないの？」と不信感を抱くかもしれません。書類で作成した内容を暗記して、不備なく伝える能力を問いたいならばそれでよいのですが、ほとんどの場合、そんなことは想定していないでしょう。

なお、人材要件の定義や面接の構造化を進めた結果、わざわざ書類選考で尋ねるべき点がなければ、思い切ってエントリーシートをはじめとした書類選考を廃止する決断をしましょう。採用のオンライン化は、自社の採用を見直すタイミングです。改めて「書類をどう使うのか」を考えてみてください。

2. 適性検査の活用に変化はあるか？

Q. オンライン化により、適性検査の活用に変化はありますか？

A. オンライン面接では非言語的手がかりが得にくいため、適性検査で補いましょう。適性検査のデータを分析することで、来期以降の採用に向けた改善も検討できます。

能力と性格をアセスメントする

候補者の適性を見極めるための手段として、適性検査があります。採用の状況で用いられる適性検査は、大きく分けると2種類あります[1]。

1つめは、能力の検査です。筆記試験を行い、「現時点でどれくらいの点数を獲得できるか」を測定し、主に知的能力を推し量ります。2つめが、性格の検査です。多くの項目に対して、

(1) 適性検査を性格と能力の検査に分けた上で、さらに詳細を解説した書籍として、大沢武志・芝祐順・二村英幸（2000）『人事アセスメントハンドブック』金子書房。

どの程度当てはまるかをそれぞれ回答することで、パーソナリティを探ろうとします。例えば、利用企業の多いSPIやSHLなどは、能力と性格両方を測定できます。

適性検査の可能性が拡大する

能力と性格を測定する適性検査は、今以上に必要とされるでしょう。これまでは、適性検査を実施するものの、しっかりと活用まで落とし込めていない企業が多く見られました。適性検査の数値をもとに合否を決める企業でも、「なぜその項目が低いとだめなのか」、「なぜその値を基準にしているのか」と問われると、根拠を持って答えられない状態でした。

例えば、適性検査には「達成意欲」などの項目がありますが、「うちの会社では達成意欲が必要っぽいな。達成意欲が低い人は落とそう」という〝感覚〟でスクリーニングが行われているのです。しかし世の中には、「達成意欲が低くても、要領の良さやコミュニケーション能力を活かして成果を出せる人」や「達成意欲が高いものの、仕事が荒っぽくて成果を出せない人」もいます。このように、一見正しそうに思える項目でのスクリーニングも絶対ではありません。

そもそも、人のキャリアに関わる重大な意思決定を無根拠な基準でくだしてしまうことは、候補者に失礼です。**採用という職務は、候補者の職業人生に影響を与えます。採用担当者の職業倫理として、曖昧な判断でその後の人生を左右するようなことは厳に慎みましょう。**

性格の見極めに適性検査は有効

ヒトは性格を見極めようとする時、身振り手振りや表情、視線などの非言語的手がかりに注目します。ところが、これまでも述べてきた通り、オンライン面接では非言語的手がかりが得られにくく、候補者の性格を見極めることが難しい。

そこで1つ重要になるのが、適性検査で性格を診断する方法です。ただし前提として、何らかの性格特性がその会社で働く上で重要、と根拠を持って判断できている必要があります。性格が仕事に関係しないのであれば、測定する必要はありません。事実、弊社がデータ分析を実施したある企業では、適性検査の結果が、面接時や入社後の評価と有意な関係にありませんでした。その企業の業務では、適性検査で診断された性格を必要としていなかったのですが、皆さんの企業では二の轍を踏まないようにしてください。

多くの企業に適性検査は導入されていますが、きちんと利用されている企業は少数です。適性検査を上手に使えば、「こうした特性を持っている人が自社には合っている」などと見極めることができます。例えば、入社前の適性検査の結果と入社後の定着やパフォーマンスを照合して分析するＨＲサービスも存在します。自社に合う人もわかりますし、能力は高いけれど辞めてしまう人の特徴も見えてきます。「そういう人は採らないでおこう」と判断することができるかもしれません。

適性検査のデータを分析してみて、入社後の指標との間に関連が見出せないのであれば、能力や性格を入社時点で確認する必要性が薄いため、「適性検査はやめておこう」という結論もあり得ます。

人材要件がきちんと定めてあるのが大前提ですが、面接における見極めを、適性検査で代替するのも有効です。オンライン化により、面接で見極めが難しくなった特性がないかを検討し、もしあれば高い信頼性と妥当性で評価できる適性検査を探します。適切なものがなければ、専門家の助けを借りて、自社独自の適性検査を開発するのも手です。

見極めを代替できる適性検査があれば、「この性格は適性検査、この能力は面接で見極めよう」など、選考間で役割分担ができます。採用のオンライン化をきっかけに、適性検査をいかに活用するか議論しましょう。

面接

3. オンライン面接のメリット・デメリットは？

Q. オンライン面接のメリットとデメリットは何でしょうか？

A. メリットは、見極めの精度が高いこと。デメリットは、評価が辛口になりやすいことです。

オンライン面接は選抜の精度が安定する

「オンライン面接はあくまで対面面接の代替」、そう捉えている採用担当者もいます。しかし、面接における見極めは対面のほうが優れているわけでもないのです。ある研究によれば、**非言語的手がかりが得られにくいオンライン面接での評価は、仕事のパフォーマンスや定着と相関しています**[2]。オンライン面接の評価が高い人は、自社で活躍する人材である可能性が高いのです。

オンライン面接では、対面よりも情報量が減っているのに評価の精度が上がるのはなぜだろうと、不思議に思うかもしれません。理由は、「明るい人だな」や「きちんとしていそうだな」「優秀そうだな」といった〝なんとなく〟の好印象が緩和されることにあります。

対面面接で無意識に発生しているバイアスには、身振り手振りや表情、視線などの非言語的手がかりが大きく影響しています。非言語的手がかりが減るオンライン面接において、面接官のバイアスは和らぎ、面接官は候補者が話す内容面に集中するようになります。

では、対面の面接では、どのようなバイアスが生じていたのでしょうか。例として、①第一印象の強さ、②能力より人柄、③暗い人より明るい人、④良い面より悪い面という4種類のバイアスをご紹介します。

①第一印象の強さ

第一印象がよいと、面接の評価が高くなります。[3] 面接対策本などで、挨拶などが重要だと書

（2）非同期型のオンライン面接の評価が、本人の自己評価したパフォーマンスや在籍期間と有意に関連していました。Gorman, C. A., Robinson, J., and Gamble, J. S. (2018). An investigation into the validity of asynchronous web-based video employment-interview ratings. Consulting Psychology Journal: Practice and Research, 70(2), 129-146.

（3）面接における初期段階の評価は、面接終了時の評価と高い相関関係にあることがわかっています。Barrick, M. R., Swider, B. W., and Stewart, G. L. (2010). Initial evaluations in the interview: Relationships with subsequent interviewer evaluations and employment offers. Journal of Applied Psychology, 95(6), 1163-1172.

図 3-2　対面の面接で生じる 4 種類のバイアス

かれているのはあながち間違いではありません（普段と異なる自分を演出することが、入社後によい結果をもたらすかは別の話ですが）。これは、面接官のバイアスが関係しています。

②能力より人柄

「知的能力の高い人を選ぶ」という課題があったとします。ヒトは「知的な雰囲気があり、友好的な候補者」はすぐに選べます。一方で、「知的な雰囲気があるが、無礼な相手」については判断を保留します。[4]人柄のよい候補者は評価が甘くなるというバイアスがここにはあります。

③暗い人より明るい人

同じ能力を持っていても、暗い人よりも明るい人のほうが高く評価されます。面接官は「誠実性」の高い人を雇いたいと考えているにもかかわらず、実際には「社交性」や「陽気さ」などの「外向性」に引っ張られて判断してしまいます。[5]面接対策でも、笑顔や明るく振舞うことの重要性を強調する人が多いのは、この強固なバイアスがあるためです。

④良い面より悪い面

例えば「態度が悪い」「挨拶をしない」などネガティブな側面は注視され、評価の際も重く受け止められます。[6]これをネガティビティ・バイアスと呼びます。

こうした対面でのバイアスが、非言語的手がかりの少ないオンライン面接では緩和されます。オンラインにより全てのバイアスがなくなるわけではありませんが、見極めの精度は安定します。

オンライン面接は辛口になりやすい

一方でオンライン面接には、面接官のジャッジが「辛口」になりやすいというデメリットがあります。

候補者をひとたび不合格にすれば、「どうして彼／彼女を落としたんだ」と議論になることは少ない。なぜなら、不合格にすると、その候補者が他の面接官に会うことはなくなるからで

(4) 好ましい結論と一致する情報は、あまり批判的に検討されません。逆に、嫌いな学生が知的であると判断するためには、より多くの情報が必要とされていました。Ditto, P. H., and Lopez, D. F. (1992). Motivated skepticism: Use of differential decision criteria for preferred and nonpreferred conclusions. Journal of Personality and Social Psychology, 63(4), 568-584.

(5) パフォーマンスを発揮するのに有効なのは「誠実性」と考えながらも、面接時に評価されるのは「外向性」であることを明らかにした研究があります。Moy, J. W. (2006). Are employers assessing the right traits in hiring? Evidence from Hong Kong companies. The International Journal of Human Resource Management, 17(4), 734-754.

(6) ネガティブな行動や極端な行動は、人物評定の際に重視されやすいことが分かっています。Fiske, S. T. (1980). Attention and weight in person perception: The impact of negative and extreme behavior. Journal of Personality and Social Psychology, 38(6), 889-906.

図3-3　対面面接のほうが評価が適正に思うのはなぜか

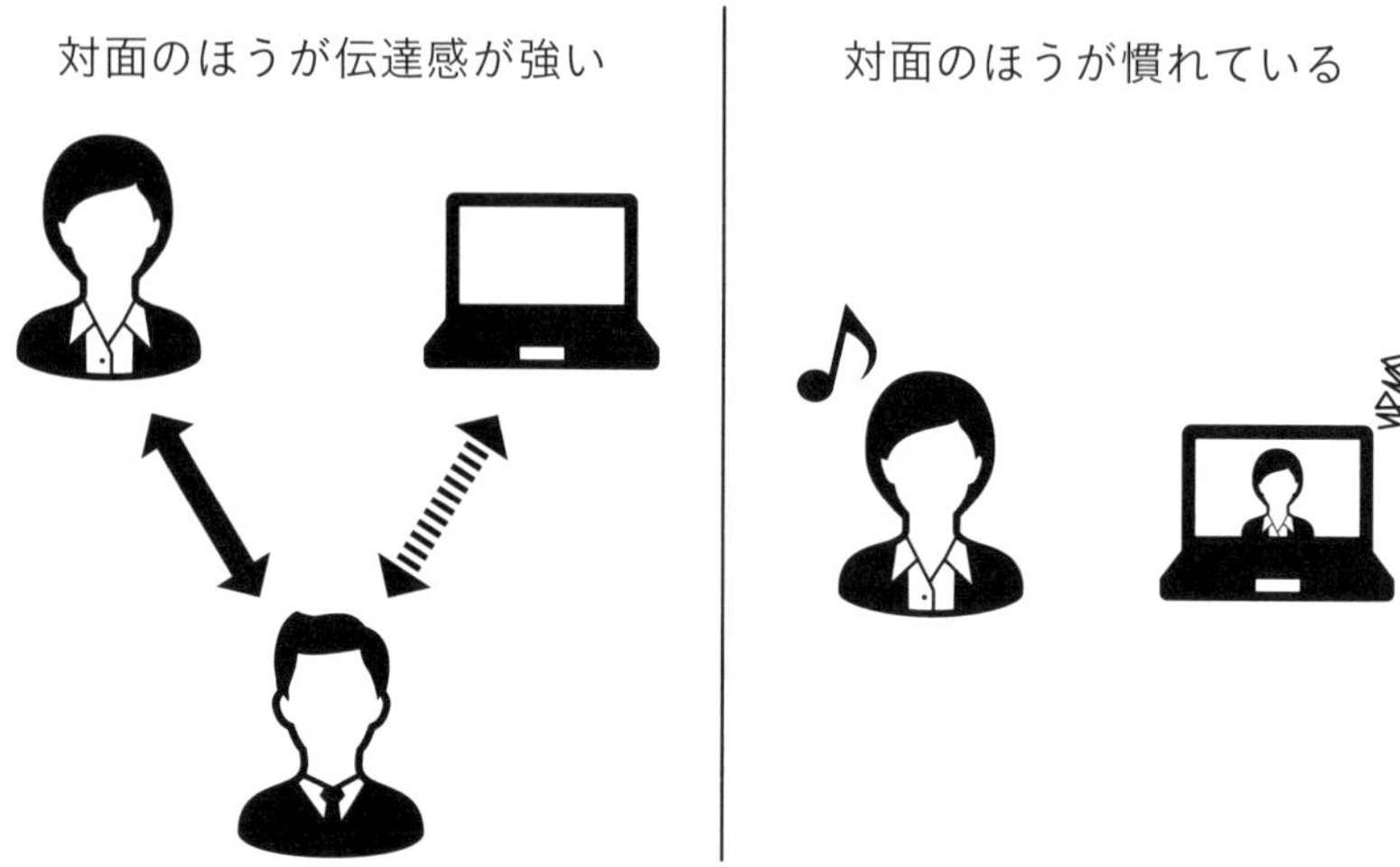
対面のほうが伝達感が強い
対面のほうが慣れている

す。その意味でいえば、面接官は「悩んだら落とすほうが気がラク」です。

この「落としたほうが気がラク」という心理と、オンライン面接では辛口になりやすい傾向が合わさると、どうなるでしょうか。面接官は不合格をつけやすくなります。

このような性質を理解し、是正していかなければ、オンライン面接に切り替えた結果、最終面接まで進む人が例年より少ないという事態も起こりえます。弊社が今まで実施してきた内定者・辞退者調査によれば、特に、まだ面接に慣れていない経験の浅い面接官や、逆に熟練の面接官で目立つ傾向です。

採用担当者は、「オンライン面接では辛口になりやすいので、合否の判断にはいつも以上に注意してください」などと事前に面接官へ伝えておきましょう。加えて、合格率や面接評価をリアルタイムで把握し、合格率が例年より低い場合、あるいは、面接評価に低下傾向が認められる場合は、面接官に改めて注意喚起します。

対面とオンラインの結果がズレたらどちらを信じるか？

今後の面接は、対面とオンラインのハイブリッドになっていきます。**もしも対面とオンラインで違う評価が出たら、どちらの評価に重きを置くのでしょうか。それは対面のほうです。**「オンラインよりも対面のほうがきちんと見極められている」感覚が強いからです。

ただし、これは感覚の問題で、実際に対面のほうが正確に見極められているわけではありません。お伝えした通り、バイアスの原因になる非言語的手がかりは対面のほうがむしろ多いのです。

また、もう1つ、対面での面接評価を信じる理由があります。それは「慣れ」です。オンラインよりも対面でのコミュニケーションのほうがずっと慣れているため、対面の評価に従うのが安心なのです。

こうした「慣れ」にもとづく信念のことを「コーヒーとビスケットの神話」などということもあります。テーブルにコーヒーとビスケットを置き、向き合って話し合えば物事はうまくいくという信念です。ヒトは対面状況に、ある種の信仰に近い信頼を寄せています。

私たちはオンライン面接より対面面接の評価を優先させる傾向があります。この傾向をしっかり理解した上で、少し立ち止まってオンライン面接と対面面接の評価を比べるようにしましょう。

特に、オンライン面接の後に実行された対面面接の評価が異なる場合は、安易に対面面接の評価で結論をくださないように注意しましょう。その際に効果的な方法は、「なぜ対面とオンラインでは異なる結果が出たか」の説明を検討することです。評価の背後にあるロジックを検討することによって、拙速な判断を避けることができます。もちろん、それでも対面面接の評価を優先すべきだという結論になったら、その判断を尊重しましょう。

4. オンライン面接を成功させるためには？

Q. オンライン面接を成功させるためのポイントを教えてください。

A. 面接における質問項目や評価方法を「構造化」することが何よりも重要です。

オンライン面接は「構造化」が肝

オンラインか対面かを問わず、面接においては「構造化」することで見極めの精度を高めることができます。[7] 構造化とは、面接の質問内容や評価方法などをあらかじめ決めることを指します。早い話がマニュアル化です。

(7) 構造化面接のほうが非構造化面接よりも見極めの精度が高いことは、繰り返し検証されています。例えば、Wiesner, W. H., and Cronshaw, S. F. (1988). A meta-analytic investigation of the impact of interview format and degree of structure on the validity of the employment interview. Journal of Occupational Psychology, 61(4), 275-290.

図 3-4　質問の設計

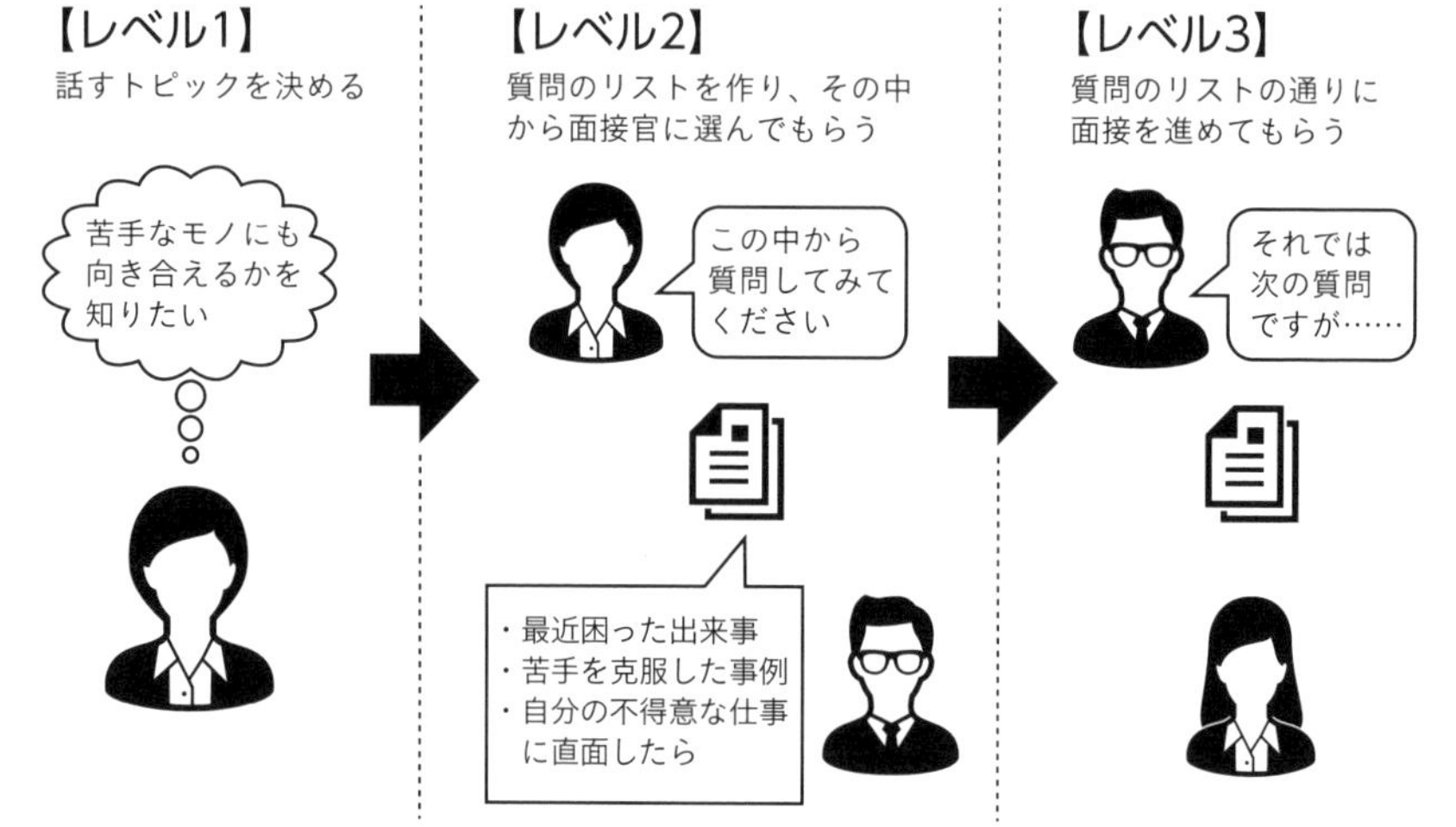
【レベル1】
話すトピックを決める
苦手なモノにも向き合えるかを知りたい
【レベル2】
質問のリストを作り、その中から面接官に選んでもらう
この中から質問してみてください
・最近困った出来事
・苦手を克服した事例
・自分の不得意な仕事に直面したら
【レベル3】
質問のリストの通りに面接を進めてもらう
それでは次の質問ですが……

見極めにおいては有効性のある構造化ですが、対面面接ではあまり取り入れられていません。面接の構造化は、自然な会話を妨げるなどの理由で、対面面接を受ける候補者の志望度にマイナスの影響があるからです[8]。きちんと適性を評価できたとしても、自社に来てもらえないのであれば意味がありません。

また、メンバーシップ型雇用の日本企業では、従業員が様々な部署を異動しながら、その企業に長くとどまります。そのため、対面面接の際に、「この人とは仲間として一緒に長きにわたって仕事をしていきたい」と多くの面接官が思えば採用する、という〝非〟構造化面接を採りやすかったとも考えられます。

一方で、**オンライン面接では面接が構造化されていないと、むしろ候補者の企業に対す**

図 3-5　評価基準の設計

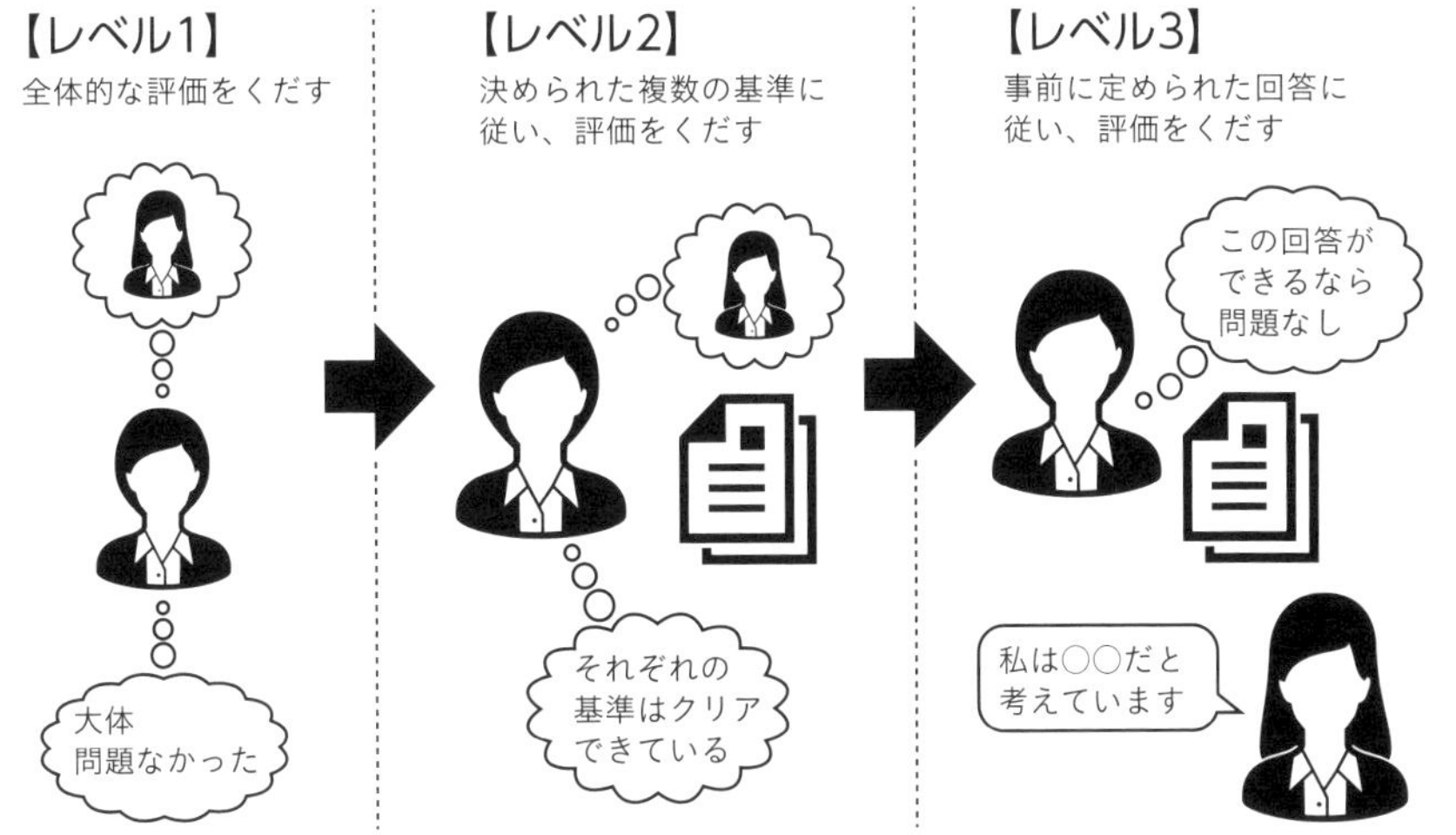
【レベル1】
全体的な評価をくだす
大体
問題なかった
【レベル2】
決められた複数の基準に
従い、評価をくだす
それぞれの
基準はクリア
できている
【レベル3】
事前に定められた回答に
従い、評価をくだす
この回答が
できるなら
問題なし
私は○○だと
考えています

る評価が下がります。構造化したオンライン面接とは、例えば「今日はこういうことについて、3つの質問をします」というように、質問項目や評価方法が事前に設計されているものです。

　こうした組み立てがなされていないと、オンラインでは会話がスムーズにいかず、候補者は話したいことが話せません。これは根源的なバイアスの1つですが、ヒトは自身の能力が発揮できないと、それを相手や環境のせいにします。結果的に、構造化されていないオンライン面接では、候補者は企業や面接官

(8) 構造化面接による評価の妥当性については一貫した結果が得られているとする一方で、対面の面接を構造化すると、面接における会話が不自然になることを指摘した研究があります。Campion, M. A., Palmer, D. K., and Campion, J. E. (1997). A review of structure in the selection interview. Personnel Psychology, 50, 655-702.

のことをあまり快く思いません。

面接を構造化すると、面接官の属人的な会話力や目利き力に依存せずに済みます。マニュアル化されているため、面接に慣れていなくても、安定して判断することもできます。面接官の育成はよく問題になりますが、構造化されたツールの使い方をレクチャーすることで、面接官の水準をある程度揃えることができるのです。

構造化の3つのポイント

面接の構造化には3つのポイントがあります。①人材要件の設計、②質問の設計、③評価基準の設計です。

①人材要件の設計

ここでも出発点は人材要件の定義です。例えば、優秀な従業員や経営層にヒアリングし、それを整理して人材要件を定めましょう。ただし、本人が無意識に行っている仕事のスタイルを言語化することは簡単ではありません。適性検査や行動観察などを用いるのもお勧めです。

②質問の設計

次の通り、レベルが上がるにつれて構造化の程度が強くなります。(9)

レベル1：話すトピックを決める
レベル2：質問のリストを作り、その中から面接官に選んでもらう
レベル3：質問のリストの通りに面接を進めてもらう

最初はトピックを定めるところからはじめ、必要に応じて少しずつ構造化を進めるとよいでしょう。

③評価基準の設計

次の通り、レベルが上がるにつれて評価基準に関する構造化の程度が強くなります。

レベル1：全体的な評価をくだす
レベル2：決められた複数の基準に従い、評価をくだす
レベル3：事前に定められた回答に従い、評価をくだす

レベル1はほぼ構造化がなされていない状態です。まずはレベル2の段階を目指しましょう。

(9) 面接における質問項目と評価基準の構造化の程度については、次の論文を参照しています。Huffcut, A. I., and Arthur, W. (1994). Hunter and Hunter (1984) revisited: Interview validity for entry-level jobs. Journal of Applied Psychology, 79(2), 184-190.

なお、これは構造化そのものの議論というよりは、オンラインでの選考を円滑に進めるための1つのヒントになりますが、オンラインでのコミュニケーションには、「慣れ」の効果があります。[10] オンラインツールを使い慣れているだけでなく、同じ人とオンラインでコミュニケーションを何回交わしたかも「慣れ」に関わります。後者を考慮すると、候補者に対して担当者を決めておき、同じ人が候補者に対して一貫して連絡をとるとよいでしょう。

(10) 対面とオンラインのグループに分けて、2週間の間隔で4回のグループ課題を実施した研究があります。最初のセッションでは対面のほうがオンラインよりも有意にパフォーマンスが高かったのですが、2回め以降は、パフォーマンスの有意差は認められなくなりました。van der Kleij, R., Paashuis, R., and Schraagen, J. M. (2005). On the passage of time: Temporal differences in video-mediated and face-to-face interaction. International Journal of Human-Computer Studies, 62(4), 521-542.

5. 面接のハイブリッド化で気をつけることは？

Q. 対面とオンラインの両方で面接をするときに、気をつけるべきことは何ですか？

A. すべての面接の工程において、「意図」と「制約」を明らかにし、採用を設計していくことです。

対面とオンラインのハイブリッド化が進む

多くの企業が、対面とオンラインのハイブリッドで面接を行っています。対面とオンラインをどう組み合わせるか。いかにハイブリッド化をうまく進めるかが、これからの論点になります。

オンラインコミュニケーションの特徴は、身振り手振りや表情、視線などの非言語的手がかりが減る影響で、感情や雰囲気などを伝えにくいことでした。一方で対面は、言語化できない感覚を伝えることに長けています。

ハイブリッドな面接を設計するポイントは、「対面の面接をどのタイミングで行うか」です。考え方はシンプルで、感情や「(お互いの)伝わった感」を高めたいときに対面面接をすべきです。面接の工程を考える際には、「①意図」と「②制約」という2つの面から考えていきましょう。

①意図

候補者にどういう場面で、どのような気持ちになってほしいかを明確にしましょう。「候補者にこんな状態になってほしいから、こういう手段・スケジュールにする」といった具合に考えなければ、効果的なハイブリッド化は実現できません。

例えば、「1次面接を受ける前の候補者」と「受けた後の候補者」で、どのような変化を狙うのかをクリアにしましょう。「その両者で何を変えたいと考えていますか?」という質問に答えられない場合、面接やスケジュールの意図を明確化できていないということです。

これまで明確化せずとも採用が進んだのは、「これをすればうまくいく」という採用の〝勝ちパターン〟が構築されていたからです。ところが、その勝ちパターンは、新型コロナウイルス感染症が蔓延する以前からほころびを見せはじめ、「このパターンで本当にうまくいくの?」という疑問が採用担当者の中で少しずつ生まれていました。そしてコロナ禍によって、従来の採用ができなくなったこともあり、勝ちパターンの見直しを余儀なくされています。

改めて一つひとつ工程について、「なぜ、それをやるのか？」という意図を定義しましょう。

これは日常の業務改善にも通ずることですが、ぜひ採用活動でも行ってください。意図がなければ、オンラインにすべきか対面にすべきかという判断ができません。それらの効果を検証することもできません。それぞれの面接の意図を明らかにすることで、「なんとなく」ではなく、「このタイミングでは、オンラインにしましょう」「ここは対面でないといけませんね」といった判断ができるのです。

② 制約

もう1つの要素として、「制約」があります。前項では、「構造化面接の重要性」についてお伝えしましたが、経営者にマニュアルに沿った面接をしてもらうことは難しく、意義も薄いでしょう。こうした点は、面接を進める上での「制約」になります。

制約を鑑みると、「経営者には構造化面接ではなく、熱意や感情に訴え掛けることをお願いしよう」といった意図が生まれます。この意図ならば、対面の面接を実施したほうがよいといえます。

面接のハイブリット化を考える際には、このように「意図」と「制約」を検討して、対面とオンラインを使い分けましょう。なお、対面面接とオンライン面接の違いについては、第1章

「4.オンライン化によって起こる採用の見直しとは？」（P.28〜）で詳述しています。そこにおける内容を頼りに、オンラインと対面のどちらのほうがふさわしいかを考えることができます。

6. カルチャーフィットを見極めるにはどうしたらよいか？

Q. 自社にマッチする人材がほしいと思っています。オンライン面接で、カルチャーフィットを見極めるにはどうしたらよいですか？

A. フィットにもさまざまな種類や状態があります。「P-Oフィット（Person-Organization fit）」、すなわち会社と個人のフィットを見極めましょう。

カルチャーフィットとは何か？

「カルチャー」とは、採用の文脈では企業文化のことです。その企業において共有されているルールや規範を指します。近い概念に「社風」があります。

「フィット」については日本でも半ば定着した英語ですが、２つのものが適合している状態を指します。両者を組み合わせた「カルチャーフィット」という言葉は、企業文化に、対象がどのくらい適合しているかを表しています。

図 3-6　従業員が企業に「フィット」する恩恵

定着しやすく
仕事のパフォーマンスが高い
同僚を助けたり企業の行事に主体的
組織や仕事に満足感を得やすい
同僚や上司への信頼度も高くなる

例えば、「この候補者は自社のカルチャーにフィットしている」と言えば、それは候補者の能力や性格が自社の文化に合っていることを示しています。採用の文脈では、どちらかというとベンチャー企業のほうがカルチャーフィットという言葉を使っています。

カルチャーフィットを探る

カルチャーフィットには、「何に対してフィットするか」でいくつかの種類がありますが、その中でも特に重視されており、多くの研究が蓄積されているのが「P-Oフィット（Person-Organization fit）」です。

P-Oフィットとは、ある人と企業がフィットしている程度を指す概念です。P-Oフィットの理解を深めるために、ここでは「会社と適合していると何がよいのか」という研究結果を紹介しましょう。

これまでの多くの研究結果を統合的に分析した結果、企業とフィットしていると感じている従業員のほうが、定着意識が強く離職しにくかったり、仕事のパフォーマンスが高かったりすることがわかっています[11]。また、フィットしている従業員は、自分の仕事の範囲外であっても、仕事を抱える同僚を助けたり、企業の行事に主体的に参加したりします[12]。

さらにフィットしている従業員のほうが、組織に対する愛着も高く、仕事に対して満足していることも明らかになっています[13]。まだあります。企業へのフィットが高いと、職場の同僚への満足度も高く、上司への信頼感も高い。このように、企業とフィットしている従業員は、お

---

(11) 例えば、Supplimentary fitは職務満足と正の相関、離職意思と負の相関、N-Sフィットは職務満足や組織コミットメントと正の相関、離職意思と負の相関が得られています。Kristof-Brown, A. L., Zimmerman, R. D., and Johnson, E. C. (2005). Consequences of individual's fit at work: A meta-analysis of person-job, person-organization, person-group, and person-supervisor fit. Personnel Psychology, 58(2), 281-342.

(12) N-Sフィットが組織アイデンティティを媒介し、組織市民行動や仕事パフォーマンスを高めるというメカニズムも検証されています。Travaglianti, F., Babic, A., Pepermans, R., and Hansez, I. (2017). Needs-supplies fit and behavioral outcomes: The mediating role of organizational identification. Journal of Management & Organization, 23(5), 709-727.

(13) 21の研究をメタ分析した結果、P-Oフィットは職務満足と組織コミットメントを高め、離職意思を低めることがわかりました。Verquer, M. L., Beehr, T. A., and Wagner, S. H. (2003). A meta-analysis of relations between person-organization fit and work attitudes. Journal of Vocational Behavior, 63(3), 473-489.

およそ企業で働く上で理想的な状態にあることが見て取れます。

3つの「フィットの仕方」

個人と企業がフィットしているときの効果の種類の豊富さ驚かれたかもしれません。人材と企業双方にとってここまで理想的なフィットはそうそう実現できるものではありませんが、P-Oフィットは経営や人事に関わる者にとって無視できないものです。

次に一口にフィットといっても、人材と企業をどのようにフィットさせるかについては、3つのパターンがあります。[14]

①一致（Supplementary fit）…個人と企業がどの程度一致しているか

「一致（Supplementary fit）」は、価値観や性格などの特徴がどの程度類似しているか、その一致度のことです。例えば、穏やかなカルチャーの企業と穏やかな性格の個人とであれば、両者の価値観が概ね一致しています。

②N-Sフィット（Need-Supply fit）…個人の要求に企業の供給が合っているか

N-Sフィットは、候補者が望んでいるものを、企業が提供できるかどうかです。例えば、「成長する環境がほしい」と思っている人に対して、企業側がそうした環境を提供できるのであれば、N-Sフィットは高いといえます。

③D-Aフィット（Demand-Ability fit）…企業の要求に個人の能力が合っているか

D-Aフィットは、企業が要求するものを候補者が持っているかどうかです。例えば、「統計分析のスキルが必要」と企業側が思っているとき、それを候補者が持っていれば、D-Aフィットは高い状態です。

①〜③をカルチャーフィットの観点に引きつけて要約すると、次のようになります。

①企業のカルチャーと候補者の性格が一致しているか
②候補者が望んでいるカルチャーを企業が提供できるか
③（自分のカルチャーに合うという意味で）企業が望む候補者の性格を候補者が持っているか

---

(14) P-Oフィットを含む、個人と環境の適合性に関する概念的な整理は、特に次の論文を参考にしています。Edwards, J. R., and Shipp, A. J. (2007). The relationship between person-environment fit and outcomes: An integrative theoretical framework. In C. Ostroff and T. A. Judge (Eds.), The Organizational Frontiers Series. Perspectives on Organizational Fit. Lawrence Erlbaum Associates Publishers.

見極めのポイントとなる3つの「フィットの測定」

フィットの仕方については解説しましたが、実際にどの程度フィットしているかを、どのように測定すればよいのでしょう。採用活動であれば、選考の過程で候補者が自社にフィットしているかを見極めなければなりません。オンライン採用での見極めも交えながら説明します。

①perceived fit…個人に直接的にフィットの具合を尋ねる

フィットしているかを本人に確認するパターンです。「あなたの性格と会社のカルチャーは一致していますか?」「あなたの価値観と会社の価値観は一致していますか?」などと尋ねる方法です。

②subjective fit…個人が自身と企業の評定をそれぞれ行い、2つの評定の一致度を評価する

例えば、候補者に「あなたの性格を教えてください」という質問と、「この会社のカルチャーはどうですか」と尋ね、その間の関係を弾き出すやり方です。

③objective fit…個人が自身を評定、企業は自社を評定して、2つの評定の一致度を評価

本人と企業それぞれに尋ね、一致度を算出するパターンです。例えば、候補者に「あなたの性格を教えてください」、企業に「この会社のカルチャーを教えてください」と尋ね、それら

図 3-7　それぞれのフィットの測定における質問イメージ

		フィットの仕方		
		一致 (Supplementary fit)	N-S フィット (Need-Supply fit)	D-A フィット (Demand-Ability fit)
フィットの測定	perceived fit	個人に対し、 「あなたは自分と会社のカルチャーがどの程度合っていると思いますか？」	個人に対し、 「あなたは自分の働く上でのニーズに対し、会社がどのくらい叶えてくれると思いますか？」	個人に対し、 「あなたは会社からのスキル面での期待に対し、自分がどのくらい応えられると思いますか？」
	subjective fit	個人に対し、 「あなたは自分の性格をどうお考えですか？」 「会社のカルチャーはどう思われますか？」 ⇒2つの回答の一致度を見る	個人に対し、 「あなたは働く上でどのようなニーズがありますか？」 「会社はどのくらい叶えてくれると思いますか？」 ⇒2つの回答の一致度を見る	個人に対し、 「会社はあなたにどのようなスキルを求めていると思いますか？」 「あなたはどのようなスキルを持っていますか？」 ⇒2つの回答の一致度を見る
	objective fit	個人に対し、 「あなたは自分の性格をどう考えていますか？」 企業に対し、 「会社のカルチャーはどう思われますか？」 ⇒2つの回答の一致度を見る	個人に対し、 「あなたは会社にどのような要望がありますか？」 企業に対し、 「会社は要望に対してどのくらい叶えられますか？」 ⇒2つの回答の一致度を見る	個人に対し、 「あなたはどのようなスキルを持っていますか？」 企業に対し、 「どのようなスキルがあれば、自社で活躍できますか？」 ⇒2つの回答の一致度を見る

を合わせて推し量ります。

興味深いことに、（対面状況を前提にした）従来の学術研究によれば、①〜③のいずれの測定方法を採っても、結果はそんなに大きくは変わりません。候補者に「この会社のカルチャーとあなたの性格や価値観は合っていると思いますか?」と確認すれば事足りるのかもしれません。ヒトは、企業の雰囲気をそれとなく察知する能力を持っているのでしょう。

ただし、採用がオンライン化すると話は変わってきます。①の「あなたの性格と会社のカルチャーは一致していますか?」と尋ねるパターンと、②の「両方とも評価してください」というパターンは難しくなります。オンラインの場合には、オフィスの中でリアルに働くイメージが醸成しにくく、会社の状況を十分に推測できないからです。

その意味でオンライン環境の場合、③の測定方法が有望になります。例えば、採用担当者が候補者に「あなたはどんなカルチャーの会社で働きたいですか」と問い、自社の従業員には「この会社のカルチャーを教えてください」と尋ねる。このように別々に考えを聞き、両者の適合度を見ていきます。

P-Oフィット以外のフィットの対象

ここまでは、研究が進んでいるP-Oフィットの観点からカルチャーフィットを見てきました。これは個人と企業がフィットの対象でしたが、カルチャーフィットにはP-Oフィット以外にも次のような指標もあります。参考程度に紹介します。

P-Sフィット（Person-Supervisor fit）…ある人と上司がフィットしているか

P-Sフィットは、上司とフィットしているかどうかという意味です。上司との相性が悪いため、会社への愛着も下がるのはよくあることです。

P-Jフィット（Person-Job fit）…ある人と仕事がフィットしているか

P-Jフィットは、企業の中で任される仕事とのマッチングです。仕事において要求されるものを持っているかどうかがこれにあたります。

P-Gフィット（Person-Group fit）…ある人と職場がフィットしているか

P-Gフィットは、職場がフィットしているかどうかです。例えば、同僚などと気が合うかどうかなどがこれにあたります。

基本的にP-Oフィットでカルチャーフィットを見積もればよいのですが、より慎重に見極めたい場合には、これらのフィットを活用するのも手です。入社後の配属先が決まっているのであれば、上司となる人物とのフィットを見極める、といった具合に行います。

7. カルチャーフィットはダイバーシティと矛盾しないか？

Q. カルチャーフィットの重要性は理解しましたが、組織が同じような人ばかりで大丈夫なのか不安です。ダイバーシティを考慮しなくてもよいのでしょうか。

A. ダイバーシティも重要な視点ですが、それを機能させるのは簡単ではありません。例えば、「ダイバーシティ風土」の醸成が求められます。

カルチャーフィットは本当によいことか？

前項はカルチャーフィットについて、企業のカルチャーと人材の性格がフィットした採用をどのように行うかを解説しました。しかし、近年は「ダイバーシティ」という言葉に代表されるように、社会全体で多様性を推し進めています。

カルチャーフィットしている人ばかりを集めることは、組織としてよいことなのでしょうか。例えば、人間関係を重視する文化の組織には、人間関係を大事にしたい人はフィットし、定着もします。しかし、企業の中がそのような人ばかりになると、本来は重要であるものの、軋轢《あつれき》を生む恐れのある意見を述べる人が出てきにくい。

カルチャーフィットについて考えていくと、ダイバーシティの問題が立ち現れます。採用担当者が、カルチャーフィットを追求しながらも、「会社にフィットしている人だけを採用することには問題があるように思うんです……」と話すのは、まさにそうした状況です。

既述の通り、カルチャーフィットの重要性は研究でも検証されています。しかし、そこにダイバーシティの議論が加わったことで、「同質性の高い組織はよいものか？」という疑問が生まれました。

学術界では、「ダイバーシティが高まればパフォーマンスは高まるか？」という観点から研究が行われています。その結果、ダイバーシティとパフォーマンスはそんなにシンプルな関係には「ない」ことが見えてきました。[15] 具体的には、**ダイバーシティとパフォーマンスの間には関連がないという研究、ダイバーシティはパフォーマンスを上げるという研究、ダイバーシティはパフォーマンスを下げるという研究が混在している**のです。

---

(15) ダイバーシティがパフォーマンスに直接与える影響は有意ではあるものの小さいことが、多数の研究から示されています。Joshi, A., and Roh, H. (2009). The role of context in work team diversity research: A meta-analytic review. Academy of Management Journal, 52(3), 599-627.

ダイバーシティの「効果があるモデル」と「効果がないモデル」とは？

ダイバーシティがプラスに作用するメカニズムとマイナスに作用するメカニズムは、それぞれどのように説明されているのでしょうか。

ダイバーシティがプラスに作用することを擁護する立場では、様々な価値観や属性の人材がいたほうが、組織の中に多様な情報がある状態になるため、市場に対して適応できる、とされています。これは、ダイバーシティを推進する企業がよく用いるロジックです。

一方で、ダイバーシティがマイナスに作用するという意見もあります。ヒトは似ている者同士を「仲間」と認識します。それを内（ない）集団と呼びます。例えば、「日本人」「男性」「若者」など、同じ属性の他者を〝自分と同じ集団のメンバー〟だと認識します。

ある実験で、コインを弾いて表裏を出し、「あなたは『表組』」、「あなた『裏組』」と分けるだけで、同じ「組」の人同士は親近感を覚えるほどです。ヒトは自然と集団を認識しようとします。しかも、ヒトには自分と同じ集団をひいきしてしまう傾向があり、その結果、集団の外の人に対して冷たくなることもあります[16]。

ダイバーシティを受け入れる組織では、同じ価値観や属性の人同士が集団を形成して、他の人を受け入れなくなるリスクがあります。そうなると、ダイバーシティがコンフリクトの原因になり、組織は機能しなくなります[17]。

図 3-8　ダイバーシティ風土とダイバーシティ信念

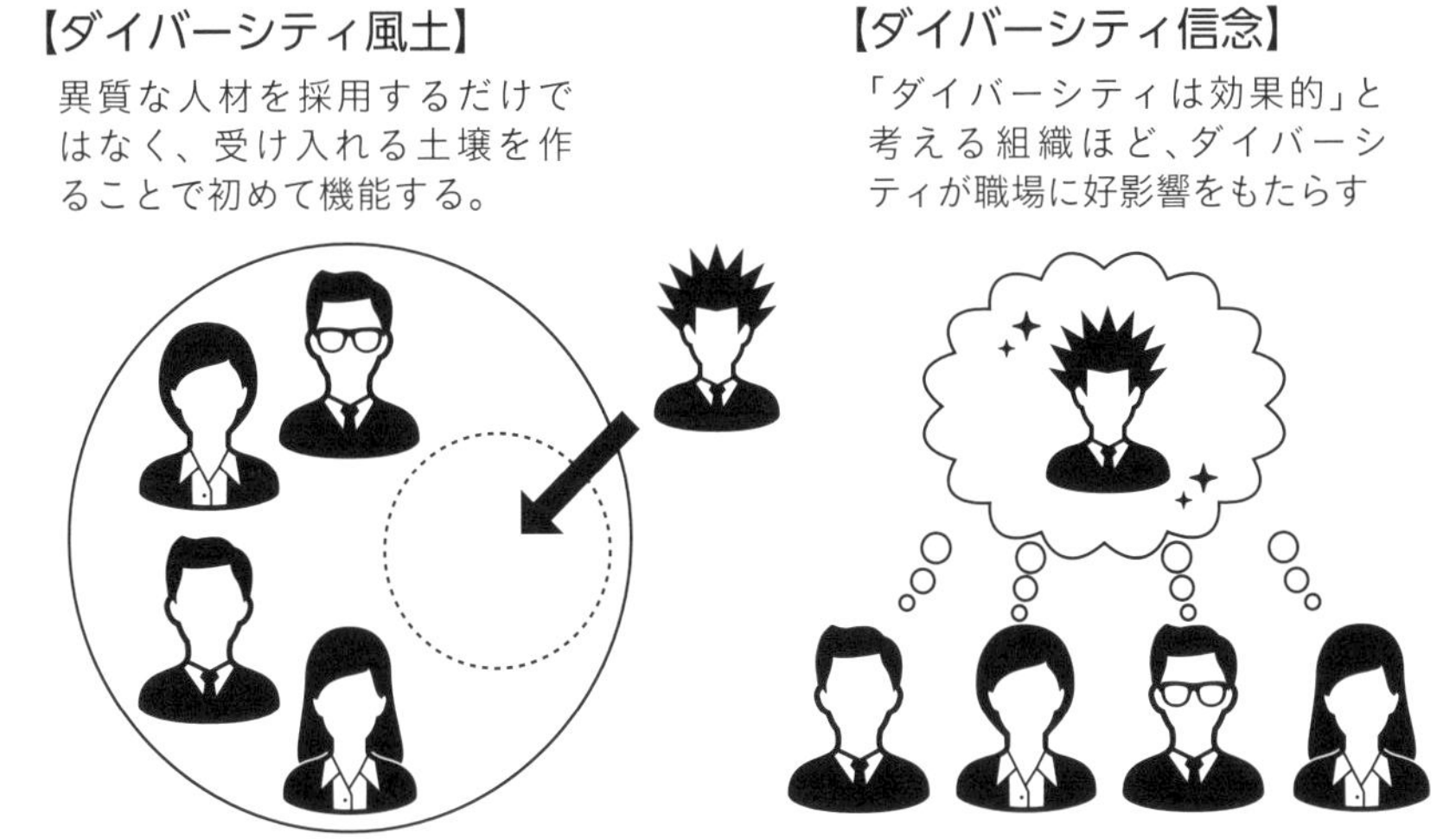
【ダイバーシティ風土】
異質な人材を採用するだけではなく、受け入れる土壌を作ることで初めて機能する。
【ダイバーシティ信念】
「ダイバーシティは効果的」と考える組織ほど、ダイバーシティが職場に好影響をもたらす

ダイバーシティを機能させるための条件

企業によっては、カルチャーフィットしていない人材をあえて採るところもあります。その種の人材は、経営者からは「イノベーター

(16) 絵画の好みで分けられたグループでも、内集団に有利な分配を行うことを示した有名な実験があります。Tajfel, H., Billig, M. G., Bundy, R. P., and Flament, C. (1971). Social categorisation and intergroup behavior. European Journal of Social Psychology, 1, 149-178.

(17) 内集団ひいきが生じることの説明として、社会的アイデンティティ理論が提唱されています。そこでは、人は所属集団に有利な分配をすることで自分自身の価値も高められるという心理的なメカニズムが想定されています。Tajfel, H. and Turner, J. C. (1979). An integrative theory of intergroup conflict. In S. Worchel and W. G. Austin (Eds.), The Social Psychology of Intergroup Relations. Monterey, CA: Brooks-Cole.

人材」と呼ばれたり、現場では「とがった人」と言われたりします。

しかし先ほど説明したように、ダイバーシティの掛け声だけで企業にフィットしていない人材を採用すると、社内では自分とは異なる集団の人と認識されて、つまはじきにされてしまいます。

ダイバーシティの効果をプラスにするためには、「ダイバーシティ風土」が組織内に形成されている必要があります。**ダイバーシティを受け入れる風土があると、ダイバーシティが高まってもコンフリクトは起きにくく、組織がよい方向に進みます**[18]。

もう1つ興味深い要因として、「ダイバーシティ信念」というものがあります。これは、多様性が高いと成果が上がると信じられている状態を意味します。「色々な人がいたほうが成果につながる」と信じられている組織であれば、自然とダイバーシティは機能します[19]。

弊社が、ある外資系企業でダイバーシティ信念の検証を行ったところ、ダイバーシティ信念の高い職場では、ダイバーシティと組織への愛着との関係が強くなり、反対に低い職場では両者の関連が消滅してしまいました。意志の力を感じる一件です。

カルチャーフィットする人材だけではなく、多様な人材を採用したい企業は、実際に採用しはじめる前に、自社にダイバーシティ風土やダイバーシティ信念がきちんと醸成されているかを確認しましょう。ただし、組織の風土は目に見えにくいものです。採用担当者が直感的に判断するのではなく、組織サーベイを行うなど、定量的に可視化されたエビデンスをもとに、自社のダイバーシティをめぐる風土や信念の程度を把握することをお勧めします。

(18) ダイバーシティ風土が高いと、ダイバーシティが組織コミットメント、組織アイデンティティ、離職意思に与える悪影響が緩和されます。Gonzalez, J. A. and Denisi, A. S. (2009). Cross-level effects of demography and diversity climate on organizational attachment and firm effectiveness. Journal of Organizational Behavior, 30(1), 21-40.

(19) アンケートと実験によって、ダイバーシティの価値を信じているほど、仕事集団のダイバーシティと集団への帰属意識の関係は強くなることを明らかにした研究があります。van Knippenberg, D., Haslam, S. A., and Platow, M. J. (2007). Unity through diversity: Value-in-diversity beliefs, work group diversity, and group identification. Group Dynamics: Theory, Research, and Practice, 11(3), 207-222.

8. 志望動機をオンラインでどう推し量るか？

Q. 採用の際に、志望動機を確認しています。しかし、オンライン面接になると候補者の熱意がわかりにくいのではないかと懸念しています。

A. 志望動機の形成を候補者任せにすることにはメリットがありません。志望動機は候補者と一緒に作っていくものだという認識を持ちましょう。

志望動機の確認にはどれほどの意味があるか？

採用の場面では、何度も候補者に志望動機を確認します。エントリーシートで書かせ、1次面接で質問し、2次面接でも尋ね、最終面接でも語らせることもザラです。しかし、このようなやり方での志望動機の確認にはメリットがありません。

そもそも、なぜ企業は志望動機を確かめようとするのか。そこから考えてみましょう。企業が志望動機を確認しようとする心理は2つあります。

①入社後に定着し、活躍する人材だと思える

志望動機がきちんと語れる候補者は、自社への愛着があるため、ちょっとのことではへこたれないと、企業側は〝期待〟します。入社後に適応し活躍してくれるはずだと感じるのです。

②入社してくれるだろうという安心感を得たい

何度も志望動機を確認することで、面接官が「この人はうちの会社に入ってくれるだろう」と安心することができます。

しかし、ほとんど情報を与えられていない状態でひねり出した志望動機に、どこまで意味があるのでしょう。対人関係でたとえると、会って間もない人に、「なんで私のことが好きなんですか？」と尋ねられるようなものです。普通は、そんなことを言われたら引いてしまいます。

コロナ禍で採用を見直す中で、志望動機の位置づけもあわせて再考したいところです。

志望動機は候補者と一緒に作る

志望動機は、企業側が見極めたり憶測したりするものではありません。志望動機の材料となるのは、候補者の持つ「自分の強みや弱み」「実現したいキャリア」「10年後の目標とする状態」「理想の働き方」などです。候補者はこれらの具体的な内容を考えるために、そして、実現できる企業なのかを見定めるために、就職活動で企業の門をたたいています。企業は候補者の持つニーズを実現する場を提供します。**選考では企業と候補者が一緒になって志望動機を作り上げ、そして入社後はともに実現を目指すという前提に立ちましょう。**

志望動機は言ってみれば、候補者が「これまでの自分」と「就職後の自分」とをつなげる物語です。企業と候補者が良質なストーリーを作り上げるには、候補者に志望動機の材料について自己開示をしてもらう必要があります。

ただ、採用において、候補者は自分をアピールしなければならない立場にいます。簡単には自分をさらけ出しません。評価する役割に就いていない従業員を志望動機作りに当てるなどの配慮が必要です。

志望動機を共に作る際に候補者に尋ねるべきことは、「何を軸に企業選びをしているか」です。面接でいきなり志望動機を尋ねたときとは、違う視点が出てくるはずです。例えば、「キャリアの初期には、何らかの作品を作り出すようなクリエイティブな仕事に関わりたいです」という希望であれば、「当社はどの部署であっても、宣伝広告や掲示物などの制作があります。どこに異動になってもやりがいを持てると思います」というように、志望動機をつむいでいくことができます。

企業側も情報を開示しなければなりません。採用担当者や現場の従業員が、候補者に対して自己開示することで、候補者の自己開示を引き出せます。自分が自己開示すると相手の自己開示も促せることは、学術研究の中で裏づけられています[20]。それに、お互いに開示し合った状態でなければ、本当に意味のある志望動機を作ることはできません。

就職活動や転職活動では多くの対策本が出されており、「企業VS候補者」という構図で描かれがちです。企業を敵だと認識していると、候補者は自己開示には至りません。

企業は、候補者と共通のゴールを作る必要があります。一番わかりやすい共通のゴールの例としては、「候補者にとってよい企業を選ぶ」ことが挙げられます。これは、自社がその候補者にとってよい企業でなければ、きちんとそう伝えることを含んでいます。候補者と共通のゴールを持って話し合いを進めれば、候補者も自己開示しやすくなります。

「候補者を見抜こうとしている企業〝VS〟内定を得ようとしている候補者」という図式を打破し、志望動機を共につむげば、候補者も納得して入社することができます。

志望動機を作る上でポイントは3つあります。1つは、入社後の働き方をイメージできるようなストーリーにすること。2つめは、現実に即した内容とし、入社後に齟齬《そご》がないようにすること。そして3つめは、変わりにくいもので構成することです。「どこに配属されるか」など可変幅が大きいものを軸にストーリーを作ると、その要素が失われた際に離職につながるおそれもあります。

---

(20) 代表的な研究論文としていは、いわゆる「自己開示の返報性」があります。Jourard, S. M. (1959). Self-disclosure and othercathexis. Journal of Abnormal and Social Psychology, 59, 428-431.

図 3-9　企業と候補者の目指すべき関係

ただし、ここまで説明した方法は、候補者の人数を増やしすぎると実行が困難になります。例えば、50人採ろうとしているところに1万人のエントリーが来ると、一緒に志望動機を練る時間は取れません。そうした意味でも、第2章「これからの人材募集」で紹介したセルフスクリーニングを進める必要があります。

9. 集団面接という手法は今後どうなるか？

Q. コロナ禍においては、集団面接のやりにくさを感じます。今後は、なくなっていくのでしょうか？

A. これまではたくさんの候補者を集めていたからこそ、集団面接が必要でした。スクリーニングの方法は他にもあります。それらを活用していきましょう。また、そもそも候補者の人数を絞り込むことも大事です。

集団面接はなくなるのか？

感染症の影響を考慮し、集団面接を避ける企業は増えています。前年踏襲で採用の流れを組んでいると、「集団面接ができない。どうしよう……」と思うかもしれません。しかし、そこは少し立ち止まって、「なぜ集団で面接をしなければならなかったのか」を考えてみましょう。

一般に面接は個人を対象にして、「その人の適性」を見極めつつ、志望度を高めるために行われます。個人を対象にしていたからこそ、見極めや志望動機の形成を行いやすいわけですが、それをわざわざ集団化した理由の1つは、候補者が多かったからです。**候補者を効率的に減らす手段として、「集団面接」が活用されてきました。**その証拠に、最終面接を集団面接で行なっている企業はなかなかありません。選考の初期に、候補者を絞り込む目的で集団面接を実施しているのです。

ただ逆に言えば、適正な量と質の候補者群を形成すれば、集団面接という手法に頼る必要はなくなります。

オンラインでの集団面接は非常にやりにくいものです。リアルな場であれば、（実際に適切な見極めが行えているかは別として）面接官1人が物理的にその場全体を見回すことができました。他方でオンラインになると、3～4人に1人のファシリテーターをつけないと進行もままなりません。集団面接をオンラインで開催しようとしたら、採用担当者だけでは間に合わないため、別の部署の従業員に協力を仰がなければなりません。

スクリーニングの手法は多様にある

集団面接は多い候補者を絞り込む手段として実施されてきたのですが、スクリーニング方法の1つに過ぎません。他にも様々な方法があります。

例えば、適性検査をもっと有効に活用することができます。適性検査は多くの企業が取り入れています。「2.適性検査の活用に変化はあるか？」（P.87〜）でも触れましたが、近年は適性検査と入社後のパフォーマンスを分析し、より自社に適した人材を見出すようなサービスも展開されています。それらを利用してみましょう。

非同期型のオンライン面接によるスクリーニングも一策です。候補者が収録した動画を送ってもらう方法です。面接を構造化していれば、回答してほしい項目も指定できますし、候補者の評価のために動画を見直すこともできます。これも集団面接に代わる方法として活用されていくでしょう。

ただ一番お勧めなのは、すでに何度か述べたようにセルフスクリーニングを強化することです。自社にフィットしていない候補者に、自ら「この会社は自分には合っていない」と気づかせ、選考を受けないようにしてもらうのです。

なぜセルフスクリーニングがお勧めかというと、企業側だけでなく候補者側の時間も奪わないからです。適性検査や非同期のオンライン面接は、企業にとっては効率的な手法ですが、いずれも候補者の時間は必要になります。しかし、セルフスクリーニングだけは候補者も企業側も余計な時間を使わず、社会的なロスが小さい。セルフスクリーニングによって「低カロリー」な採用が実現できます。

10. 電話やチャットを活用できる可能性は？

Q. 対面やオンラインだけではなく、電話やチャットなど他のツールを利用した選考方法は有効ですか？

A. 電話は実は効果の高いツールです。チャットは補足的に使っていけるとよいでしょう。

採用ツールとして電話は有効

意外に思われるかもしれませんが、電話は採用において有効です。**「様々なコミュニケーション方法のうち、面接官の好感度が高いのはどれか」を検証した研究によると、対面と電話は同じぐらい好感度が高かった**のです（オンラインの好感度は最も低い結果になりました[21]）。電話の好感度が高い理由は2つあります。

1つめは、電話には多くの人が慣れているからです。電話は苦手だという人もいますが、オンラインでのミーティングよりは慣れています。

2つめは、オンラインでは会話のやりにくさを感じるのに対して、電話はそこまでではないからです。電話はオンラインよりも同期性が高く、リアルタイムで遅れなく会話ができるため、声がぶつかることは多くありません。しかし、情報通信や機器などの環境に依存するオンラインのミーティングでは、電話より高頻度で会話が衝突します。

電話は意外に活用できるツールです。弊社が、ある企業で行った内定者調査では、面接前後に採用担当者が電話でこまめに連絡を取ることで、候補者の志望度が高まっていました。さらに、その電話で候補者に対して選考のフィードバックを行うと、志望度は一層高まりました。面接前後のフォロー以外にも、採用活動の様々な場面で電話を活用したいところです。

採用においては効率化や管理コストの側面で、日程の連絡や調整をアウトソーシングしている場合もあります。しかし、電話は候補者との信頼関係を築けるチャンスです。

ただ、将来的に電話よりもオンラインでの会話に慣れた世代が現れれば、オンラインでの対話の好感度が電話を上回る可能性は考えられます。

チャットの使い道はあるか？

チャットは、企業の採用において、現状あまりうまく使えていないツールです。一時期、SNSのサービスツールを使った採用活動に注目が集まりましたが、企業が使い方に悩むツールとなっています。他の方法で済むことを、わざわざチャットで行っているところもあります。チャットを使ってコミュニケーションを取っている企業が「チャットを見ましたか?」と辞退者や承諾者を対象に調査をしたところ、見ていない人がかなり多いという結果になったこともありました。候補者にとって、チャットが採用において重要なツールになり得ていません。

そのような状況の中で、チャットをどう活用することができるでしょうか。今、実施していることを補強するツールとして使う発想がよいでしょう。

例えば、オンライン説明会で一方的に説明するのではなく、チャットで意見や質問を適宜募集するなどの方法が考えられます。気軽な質疑応答は、かつては実現できなかったことです。対面の場合、人が話している途中に発言を挟むことはできません。しかし、〝オンライン説明会+チャット〟という組み合わせであれば、それが可能です。企業側が話している途中から、候補者が質問を出しても支障がありません。候補者は気になった点をすぐに尋ねることができます。

---

(21) 対面、電話、ビデオの面接による面接官の好感度を比べると、対面よりビデオは低く、対面と電話は差が認められませんでした。この論文では、対面と電話は同期性が高いため、候補者が面接官に合わせて話を調整しやすいと、主に解釈されています。Straus, S. G., Miles, J. A., and Levesque, L. L. (2001). The effects of videoconference, telephone, and face-to-face media on interviewer and applicant judgments in employment interviews. Journal of management, 27(3), 363-381.

第4章

これからの内定者フォロー

～入社前にできることは何か～

1. オンライン化により、内定承諾率は変化するか？

Q. 説明会や面接などをオンライン化することにより、内定承諾率への影響はありますか？

A. オンライン化によって内定者は企業選びの意思決定をくだしにくくなります。その結果、内定の承諾をためらう可能性があります。候補者の意思決定を支援するのが重要です。

内定を承諾しにくくなる3つの要因

候補者が内定を承諾するかは様々な背景が絡みあうため、なかなか予測しにくいものです。例えば、売り手市場なのか買い手市場なのかによっても違います。ただし、一般的にオンライン化は、内定者がその企業に行くかどうかの意思決定を行いにくくするでしょう。理由は3つ考えられます。

①企業に関する情報を十分に得られていない

内定者が企業に関する情報を得られていないという理由です。対面を前提にした採用でも候補者が得られる情報は十分ではありませんでしたが、「社員の雰囲気がよかった」といった非言語的手がかり（身振り手振りや表情、視線など言語以外の情報）から得られる印象を参考に承諾をする内定者はいました。

いまや採用はオンライン化され、候補者は非言語的手がかりをあまり得られない状態です。候補者は情報がさらに不足する中で内定を受けるか否かを判断しなければなりません。

②自分に関する情報を十分に得られていない

自分に関する情報も十分に得られていません。自分のこの先のキャリアや、自分が何を大事にしているか、どういうところで働きたいと思っているのか、といった自己分析を掘り下げられていないのです。

これも従来から存在する問題です。短い就職活動や転職活動の期間では、キャリアについて検討する余裕がありません。自分に関する情報は、一人でノートに書いているだけでは得られないものです。人と関わったり話したりする中で自己イメージを豊かにし、理解を深めていきます。しかし現在、人と会う機会が減り、ますます状況は悪化しています。

面接官の中には、慣れないオンライン面接への対処に戸惑い、候補者の適性を見極めることに精一杯の人もいます。そうした面接官に当たった場合、候補者のキャリアに関する省察は促せません。

③オンラインは候補者の志望度を高めることが苦手

オンラインでは非言語的手がかりが乏しく、円滑にコミュニケーションがとれません。候補者は自らの能力をしっかり発揮できず、企業に対する気持ちが高まりにくい、すなわち、「惹きつけ」の効果が弱くなります[1]。

対面中心とオンライン中心の2つの選考コースを実施していた企業で内定者調査を行うと、志望度の上昇度も内定承諾率も、オンライン中心の選考コースにおいて低いという結果が出ました。さしたる工夫のないまま、オンラインで選考を行えば、従来よりも候補者の惹きつけができないわけです。

新型コロナウイルス感染症が蔓延して以降、内定から承諾までの期間が長くなっていることに悩む企業もあります。内定を出しても、「すぐには決められなくて……」と承諾に踏ん切りがつかない候補者が増えているのです。特に、中途採用ではポストを早く埋めたいため、内定承諾に時間がかかることは企業にとって打撃となります。

これら3つの要因を理解して工夫をこらす必要があります。(候補者の負担を増やしすぎない範囲で)面接の回数を増やすことや、OB・OG訪問をオンラインで行う、会社説明の資料や動画を提供する、疑問に答えるための面談機会をつくるなどの方法で、自社の情報を提供する機会を増やしましょう。候補者が自身のキャリアを振り返ったり、展望したりするのを手助けする、キャリア面談に近いものを実施する方法も考えられます。

そのように候補者に（企業や自分に対する）情報を増やしてもらいながらスクリーニングを行い、候補者を十分に絞り込んだ上で、ここぞというときには対面の機会を設定するようにしたいところです。

（1）MBA生を対象にオンラインと対面の模擬面接を実施した研究があります（実際には電話面接も行っていますが、ここでは割愛します）。オンラインは会話が円滑に進まず、会話内容の理解も低く、面接官への好意度も低いことがわかりました。Straus, S. G., Miles, J. A., and Levesque, L. L. (2001). The effects of videoconference, telephone, and face-to-face media on interviewer and applicant judgments in employment interviews. Journal of Management, 27(3), 363-381.

2. オフィスや同僚の顔が見えない中で、候補者の動機づけに影響はあるか？

Q. オンライン採用になれば、オフィスという「場」や一緒に働く人の「存在感」が薄くなります。そのような中で、候補者の動機づけにおける留意点はありますか？

A. オンライン採用では、候補者の動機づけが難しくなります。その対策として、言語化して情報を伝え、同僚となる可能性がある人との接触機会をつくるようにしましょう。

オンラインで人柄や雰囲気を伝える方法

オンラインは対面よりも人柄や雰囲気が伝わりにくいのですが、それらは特に日本における候補者の企業選びにとって重要な判断材料です。就職・転職活動では企業や業務に関する情報が不足するため、雰囲気に目が向きやすいことが1つ、もう1つは、メンバーシップ型雇用においては社内にどういう人がいるのかが働くモチベーションにつながることが、理由として挙げられます。

図4-1 コンテンツを組み合わせて活用

コンテンツを複数用意する
会社説明の
動画
会社のSNSや
オウンドメディアでの配信
従業員の
インタビュー動画
会社情報の
レポート
必要に応じてメディアを
選択し、提供する
働いている人の
様子が知りたい
です

企業としても、従業員の人柄や雰囲気が候補者にとってポイントになるのであれば、何とかしてうまく伝えたいところです。ここでは、有効なアプローチを2つお伝えします。

①言語化して情報を伝える

オンラインは感情や雰囲気よりも、言語化した情報のほうが伝わりやすいメディアです。

これまでは、「従業員と会って話してもらったら、なんとなくわかるだろう」と曖昧なまま伝えていた自社や従業員の実態を、動画やオウンドメディアなどを通じて言葉で伝えましょう。説明がブレないように、伝達内容をまとめた文書を採用チームで共有しておくとよいでしょう。

さらに今後の採用活動においては、オンラインメディアを組み合わせて、適切なタイミングと方法で情報を提供する必要があります。例えば、「こんな感じで働いてみたい」という候補者のニーズを引き出したら、オウンドメディアの従業員インタビューページをまず送り、それから福利厚生の解説動画を共有する、といったイメージです。

とはいえ、まだオンラインに対応したメディアを整えている途中の企業もあります。採用サイト、動画、オウンドメディアを持っていても、それぞれの特性を考えずに運用しているケースも見られます。いつ何を候補者に伝えれば自社への関心や知識を持ってもらえるかを考えて、メディアを整備したいところです。

採用における情報は、候補者の関心が高まった瞬間に届けられるかどうかが鍵です。候補者がどのような心理になるのかを敏感に察知しなければなりません。内定承諾者・辞退者等を通じて候補者の心の動きを理解し、適切なメディアを選択しましょう。

②カルチャーフィットのフィードバックを行う

候補者を絞り込んだ上で、コミュニケーションする機会を設けます。とりわけ候補者と自社がフィットしていることをフィードバックしましょう。[2] P.110で紹介したP-Oフィットには、

①会社と候補者の特徴がどの程度一致しているか
②候補者が望むものを会社がどの程度提供できるか
③会社が求めるものを候補者がどの程度持っているか

という3種類のフィットの仕方がありました。この知見を応用すれば、フィードバックにも3種類の伝え方があることが分かります。3種類のフィードバック例は次の通りです。

①**「当社は穏やかな社風ですが、あなたも穏やかな性格なので、当社に合っています」**
②**「あなたはこういう働き方を求めていますが、当社ではこんな制度があるため、当社に合っています」**
③**「当社ではこんな能力が求められますが、あなたはそれを持っているため、当社に合っています」**

とりわけ②のように、候補者のニーズにからめてフィードバックするのが採用活動で使いやすく、キャリア形成に高い意識を持つ層に有効です。

実際には会話の中で自然に伝えるように心がけたいところです。3つのフィットの仕方を意識して、フィードバックを行っていきましょう。

（2）フィットをフィードバックした方がしないより、また、フィットしていると伝える方がしていないと伝えるより求人への応募が促されることが検証されています。Dineen, B. R. and Noe, R. A. (2009). Effects of customization on application decisions and applicant pool characteristics in a web-based recruitment context. Journal of Applied Psychology, 94(1), 224-234.

特定少数の従業員で関係を築く

選考において、同じ人が繰り返し候補者に接触することも大事です。決まった従業員が候補者と接触することで、関係性を徐々に構築していくことができ、キャリアなどの自己開示につながるためです。P.126で企業と候補者が志望動機を一緒に作る重要性、そしてそのためには候補者の自己開示が必要になる点について説明しました。しかし、1回しか接触のない担当者に候補者が自己開示をするのは、かなりハードルが高いといえます[3]。

よい関係の相手からのフィードバックを求めるという研究もあります[4]。候補者と従業員が信頼関係を構築することで自己開示が促され、動機づけにも有利に働きます。

候補者に接触する従業員は、入社後に一緒に働く人であれば、なおよいでしょう。大企業の場合は難しいかもしれませんが、10年ぐらいのスパンで考えて同僚になりそうな人を接触させておく。そうすれば、社内にネットワークを作ることができ、入社後に社内で活躍するための準備ができます。採用でも業務でもオンライン化が進む現在、オンボーディング（on-boarding：新人に必要なサポートを行い、組織に慣れてもらうプロセス）は一層重要になっています。

（3）社会的浸透理論において「玉ねぎモデル」というものが提案されています。それによれば、自己開示の内容は、相手との関係性が深まるにつれ、表層から中間層、内層を経てコアパーソナリティへと少しずつ進みます。社会的浸透理論については、次の論文を参照しています。Carpenter, A., and Greene, K. (2016). Social penetration theory. In C. R. Berger and M. E. Roloff (Eds.), The International Encyclopedia of Interpersonal Communication (1st ed.). Hoboken, NJ: Wiley-Blackwell.

（4）シナリオを提示して、各状況でフィードバックを求める可能性を調査したところ、関係性の質が高いほうがフィードバックを求めることが明らかになりました。情報源の特徴がフィードバック探索に影響を与えるということです。Vancouver, J. B. and Morrison, E. W. (1995). Feedback inquiry: The effect of source attributes and individual differences. Organizational Behavior and Human Decision Processes, 62(3), 276-285.

3. 入社までのフォローにおける留意点とは？

Q. 採用のオンライン化が進むと、内定者に対する入社までのフォローも変化しますか？

A. フォローは、志望動機を候補者と共に作る選考の時点からはじまっていると考えましょう。内定後の働きかけについては、候補者に納得感を持って入社してもらうことを主眼に置くのがお勧めです。

フォローは内定前からはじまっている

内定者フォローの基本的な考え方は、対面でもオンラインでも基本的には同じです。それは、本人が入社後に適応しやすいような働きかけを行うというものです。内定を出す前も、出した後も、入社後も、この方針がブレてはなりません。ある人が組織の文化や仕事などに適応するプロセスを「組織社会化」と呼びます(5)が、組織社会化を促すフォローをどのように行えばよいでしょうか。

候補者は、入社前から企業や自身に関する様々な情報を集め、「この会社でうまくやっていけるだろうか」などを推測しています。そこで企業は、候補者が非現実的な推測をしないように、ＲＪＰ（P.68参照）を行いましょう。セルフスクリーニングの解説（P.66参照）でも触れましたが、ＲＪＰを行うことで、入社前に企業の実態を把握できます。また、企業が一見ネガティブな情報を共有する姿勢は、候補者に対して誠実さを示すことになり、企業に対する信頼感を高めることにもつながります。

内定者フォローの項で、なぜ募集や選考で活用するＲＪＰの話になるのか疑問に思う人もいるかもしれません。しかし、第3章の「8.志望動機をオンラインでどう推し量るか?」（P.124～）で解説したように、志望動機は候補者と企業が選考の過程で共に作るものです。内定を出すまでの間に、志望度を高めておかなければなりません。内定を出してからプッシュしているようでは遅いのです。

採用に関する調査やコンサルティングをする際に感じるのは、内定者フォローにそんなに力を入れようとしないほうがむしろよいということです。今まで多くの企業で採用に関するデータも分析してきましたが、内定通知時にその企業への志望度が十分に高まっていなければ、候補者が内定を辞退する可能性がぐっと高まります。内定後にどんなに説得しても押し切れませ

（5）組織社会化については、次の論文を参考にしています。Van Maanen, J. and Schein, E. H.(1979). Toward of theory of organizational socialization. Research in Organizational Behavior, 1, 209-264.

ん。

内定通知後は、企業が候補者を説得するための期間ではなく、「この会社で自分は働くんだ。これでよかったんだ」と、候補者が企業選びの納得感や覚悟を得る期間です。志望動機を再確認して、次で説明するような、入社後を見越したネットワークの構築や必要なスキル獲得の支援に移っていきましょう。

採用の実務は入社後にも影響する

内定を出して受諾を得て無事入社してもらえれば、採用担当者の仕事は一段落と考える人もいます。確かに実務面だけを考えれば、入社後の育成は別の担当者や配属先の従業員が行うものかもしれません。

しかし、せっかく採用した人材が、仕事や社内になじめずにすぐ退職するようなことがあれば、採用の意義が失われます。新入社員にとっても不幸なことです。

したがって採用担当者は、入社「後」の組織社会化に関する知識も得ておいたほうがよいといえます。採用から育成への橋渡しをより円滑なものにすることができるでしょう。

内定者の入社後を見据えて「組織社会化」を促す

組織社会化を促すには、２つのことが必要になります。

図4-2　内定者フォローのポイント

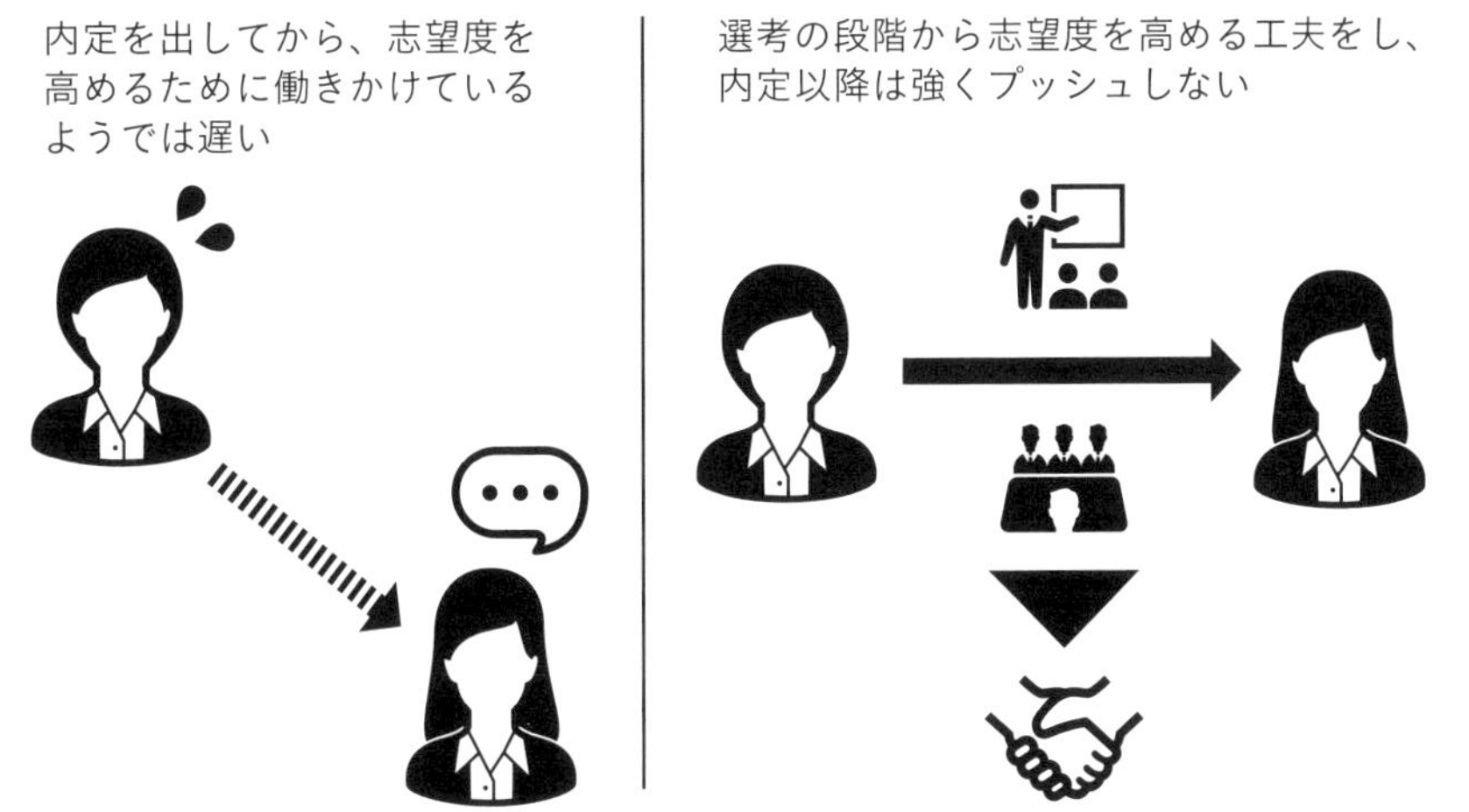
内定を出してから、志望度を
高めるために働きかけている
ようでは遅い
選考の段階から志望度を高める工夫をし、
内定以降は強くプッシュしない

①社会化戦術

「社会化戦術」とは、従業員から新入社員に対して行う働きかけを指します。例えば、新入社員研修、新入社員への声掛け、メンター制度などがこれに当たります。

社会化戦術は、制度化されたもののほうが有効です。[6] その都度、適当に働きかけるのではなく、体系的に働きかけることで効果が上がるのです。体系的な働きかけが有効な理由としては、次の2点が挙げられます。

---

(6) 2年3回にわたる縦断的な調査の結果、基本的には制度化された社会化戦術が有効であることを示した研究があります。より具体的には、適応の順序を示す規則的な戦術、適応に向けたタイムテーブルを設定する固定的な戦術、ロールモデルやメンターを付ける連続的な戦術、肯定的なフィードバックを提供する付与的な戦術が効果的でした。Cable, D. M. and Parsons, C. K. (2001). Socialization tactics and person-organization fit. Personnel Psychology, 54(1), 1-23.

図 4-3 組織社会化を促すには……

【社会化戦術】
新入社員に対して、
周囲から働きかける
【プロアクティブ行動】
新入社員から、
周囲に働きかける

・体系化しないと働きかけない可能性があるから
・体系化することで、企業に適応するプロセスを、新入社員自身も予想しやすくなるから

自分がどのようなプロセスをたどって一人前になっていくのか。このプロセスが見えると、新入社員は「何とかなりそう」と自信をもつことができます。

②プロアクティブ行動

「プロアクティブ」とは、先んじて物事を行うことを意味します。例えば、新入社員自らが周囲と仲良くなろうとして話しかけたり、自分の仕事に対するフィードバックをもらいにいったりすることです。自分の仕事の範囲を調整したり、企業の行事に参加したりすることも、これに当たります[7]。そうした積極的な行動が、入社後の適応を促します。

とはいえ、新入社員が自分からアプローチするのは気が引けるかもしれません。「郷に入っては郷に従え」という言葉もありますが、新参者は、最初は出しゃばってはならないという考えも根強い。新入社員にプロアクティブ行動をとってもらうためには、「プロアクティブ行動をとってもよい」と新入社員に伝え、現場でも受け入れる体制を作ることが大切です。

社会化戦術もプロアクティブ行動も、社内の協力が欠かせません。弊社が採用に対してコンサルティングしている企業の中には、ミーティングに採用担当者だけではなく育成担当者も同席しているケースがあります。

珍しい事例ですが、採用担当者と育成担当者が採用と育成、両方の課題と対策を理解しておくことで、候補者が適応しやすい採用を実現することができます。採用と育成は別物、と分けてしまわずに、お互いにコミュニケーションをとるようにしていきましょう。

（7）新人のプロアクティブ行動として、革新的行動、フィードバック探索行動、関係性構築行動などが挙げられています。Cooper-Thomas, H. D. and Burke, S. E. (2012). Newcomer proactive behavior: Can there betoo much of a good thing? In Wanberg, C. R. (Eds.), The Oxford handbook of organizational socialization.New York, NY: Oxford University Press.

第5章

これからの採用チーム

～テレワークでの関係構築～

1. オンライン化が採用チームにもたらした影響とは？

Q. オンライン化は候補者だけでなく、採用チームにどのような影響を及ぼしますか？

A. オンラインで仕事をする際は対面よりも、メンバー同士の信頼が重要になります。オンラインに向く仕事とそうでない仕事があることを理解した上で、オンラインの利点を活かしましょう。

オンラインで働く上で重要になる「信頼」

採用チームに限りませんが、オンラインの業務では信頼が重要になります。ここでいう信頼とは、自分が何か失敗しても傷つけられることがないという安心感や、相手が自分のメリットのためだけに動くような人ではないと考えることです。私たちが働く上で信頼は欠かせません。信頼していない人がチームにいると、様々なことを確認したり疑ったりする必要があり、コストが増します。他方で信頼している相手であれば、円滑にコミュニケーションがとれ、課題解決が進みやすくなります。

しかし、オンラインのチームと対面のチームを比較すると、少なくとも初期の段階では、オンラインのチームのほうが信頼が低い。例えば、弊社がテレワーク導入企業で行った組織サーベイでは、「テレワークのメンバーから成る職場」と「オフィスで働くメンバーから成る職場」を比較した結果、前者のほうがお互いに対する信頼感が低いことが明らかになりました。

タスク志向が強まり、リレーションが弱くなる

オンラインのチームで信頼が低いのは、なぜでしょう。**オンラインでは、仕事を遂行すること、すなわち「タスク」に意識が向きやすく**(1)**、関係性を構築・維持する「リレーション」に意識が向きにくい**からです。リレーションが軽視されやすいオンラインでは、特にチーム作りの初期における信頼形成が難しくなります。

さらに両者を比較すると、**信頼の重要度はオンラインのチームのほうが大きい**(2)。対面のチームであれば、信頼以外の様々な要素を動員しながら物事を進めることができます。例えば、チームメンバーの表情を見ながら進めたり、感情を理解しながら進めたりしやすい。

(1) 問題解決の場面において、オンラインは対面と比べるとコミュニケーションの量が少ないものの、タスクに関連した内容が多いことがわかっています。Jonassen, D. H. and Kwon, H. I. (2001). Communication patterns in computer mediated versus face-to-face group problem solving. Educational Technology Research and Development, 49(1), 35-51.

図5-1　オンラインにおいてチームの信頼形成を促すには

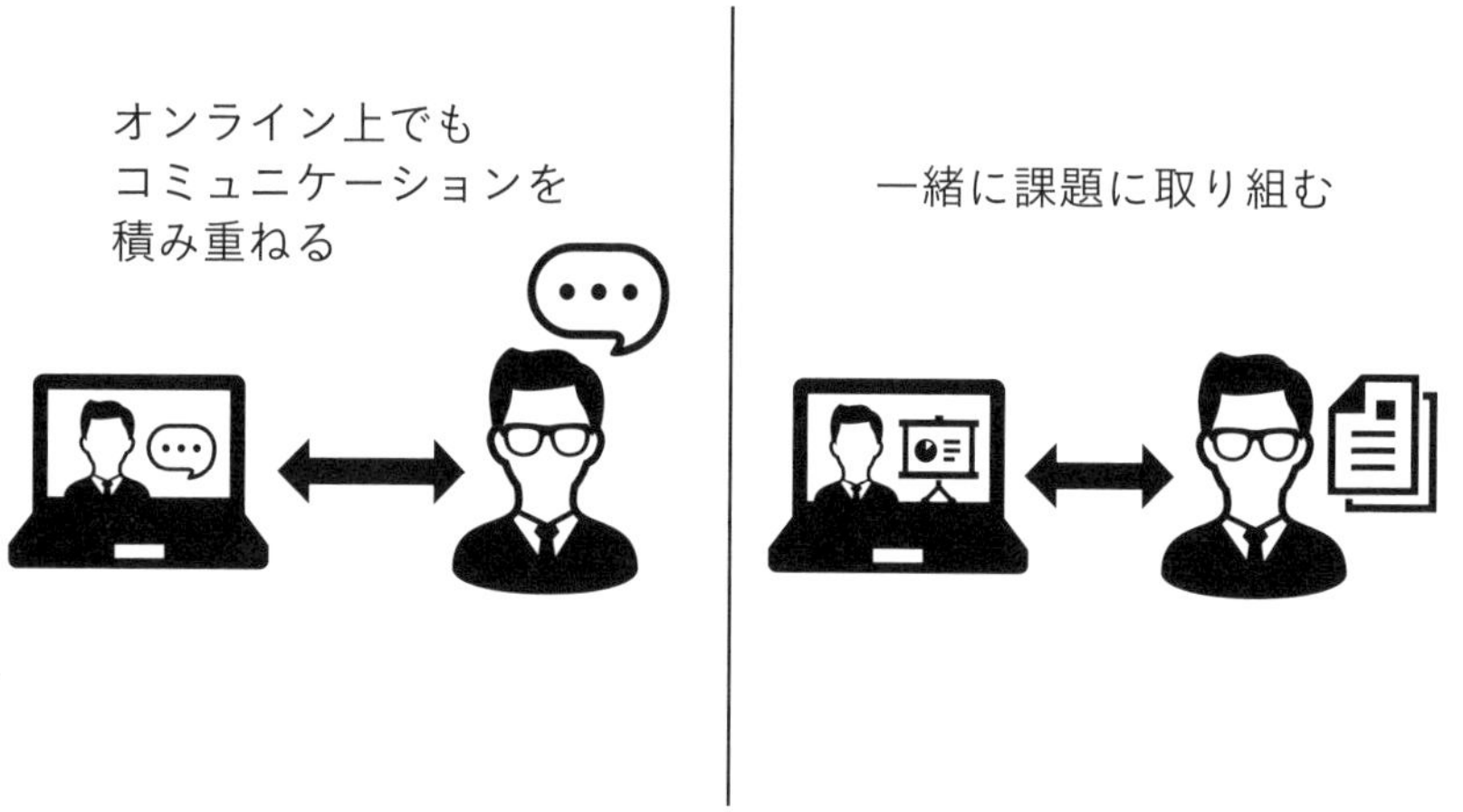
オンライン上でも
コミュニケーションを
積み重ねる
一緒に課題に取り組む

しかし、オンラインのチームでは、得られる非言語的手がかり（身振り手振りや表情、視線などの言語以外の情報）が限られています。雰囲気をつかんだりわかり合ったりする感覚が得られにくいため、相互に信頼していることがチームの有効性のカギになるのです。

それでは、オンラインにおいて採用チームをうまく運営する方法を考えていきましょう。信頼は一定の時間をかけて形成されます。オンラインでも対面より時間はかかるものの、コミュニケーションを積み重ねることで信頼は構築できます。なぜ時間が必要なのかというと、コミュニケーションを交わす中で、「チームの価値観やチームが目指していること」と「自分の価値観や自分が目指していること」を徐々にすり合わせていくからです[3]。

チームの理解が進むにつれて、信頼度も上

がっていきます。1日10分でも構いません。オンライン上でチームメンバーとコミュニケーションをとる機会を設けましょう。信頼形成の針を速めることができます。

一緒に課題に挑むことも信頼形成には有効です。同じチームで何回か課題に取り組むと、信頼が積み上がります[4]。何度もやりとりをする中で、集団の価値観が見えてきて動きやすくなります。

採用においても、コロナ禍以前から一緒に活動をしてきたメンバーであれば、対面状況で信

（2）２０１４年までに公刊された実証研究を統合的に分析した論文では、対面よりオンラインのチームのほうが、チームの信頼と仕事のパフォーマンスの関係性が有意に強いことが示されています。Breuer, C., Huffmeier, J., and Hertel, G. (2016). Does trust matter more in virtual teams? A meta-analysis of trust and team effectiveness considering virtuality and documentation as moderators. Journal of Applied Psychology, 101(8), 1151-1177.

（3）心理的契約に関する議論の中で、相互のやりとりによって、メンバーの信念とグループの信念がより一致するようになることで、信頼が高まることが示されています。Rousseau, D., and Parks, J. M. (1993). The contracts of individuals and organizations. In B. Staw and L. Cummings (Eds.), Research in Organizational Behavior 15. Greenwich, CT: JAI.

（4）3週間にわたって課題に取り組んだところ、オンラインのチームは最初のうちは信頼が低いものの、最終的には対面のチームとほとんど変わらない水準になっていました。同じメンバーで取り組む中で信頼が形成される余地があることが示唆されます。Wilson, J. M., Straus, S. G., and McEvily, B. (2006). All in due time: The development of trust in computer-mediated and face-to-face teams. Organizational Behavior and Human Decision Processes, 99(1), 16-33.

頼関係を構築できているかもしれません。その場合はオンラインになっても、信頼を引き継いで業務にあたることができるでしょう。

ただし、採用チームに新しいメンバーが入った場合や、現場の従業員に対してリクルーターや面接官を依頼して採用チームを組成する場合には工夫が必要です。「何が重視されていて、何が求められているのか」を関係者がわかるように意思疎通しなければなりません。

信頼を形成しにくいのであれば、信頼には頼らない、というアプローチもあるにはあります。例えば、録画やチャットのやりとりなどを記録に残すと、「言った」「言わない」といった水掛け論になりにくいため、安心して物事を進められます。実際に、インタラクションの記録を残すほうが、パフォーマンスに対する信頼の影響力が弱くなることがわかっています[5]。

しかし、オンライン上で記録することは、仕事を監視されているという意識を従業員に与える可能性もあるため、注意が必要な方法ではあります。

「役割曖昧性」からくる「テレワーク消耗感」への対応

コロナ禍の影響で〝テレワーク〟が推奨されました。その影響によって採用チームの業務もオンライン化が進みました。しかし、テレワークによって今まで以上に仕事に疲労感を覚える人もいます。

テレワークで消耗する現象は、「テレワーク消耗感」と呼ばれます。テレワーク消耗感には様々な要因がありますが、特に興味深いのは「役割曖昧性」です。[6] 役割曖昧性とは、自分が何を期待されているのかがわからない状態を意味します。そのような状態が続くと、ヒトは精神的に摩耗します。

学術研究によれば、テレワークを進めるほど役割曖昧性は高まることが明らかになっています。対面で仕事をしているときは、例えば60％くらい仕事ができたところで、上司に「こんな感じで進めているんですが、どうですか？」と聞いて軌道修正をしたり、あとどれくらい頑張ればよいか目算を立てられたりしました。テレワークの環境では、そうしたことが困難です。弊社が定期的に組織サーベイを行っている企業では、テレワーク導入を境に役割曖昧性のスコ

（5）メタ分析の結果によれば、オンラインのチームであれば、やりとりの記録が残っていないほうが残っているよりも、チームの信頼と仕事のパフォーマンスの関係性が有意に強くなります。記録がないと、信頼が求められるということです。Breuer, C., Huffmeier, J., and Hertel, G. (2016). Does trust matter more in virtual teams? A meta-analysis of trust and team effectiveness considering virtuality and documentation as moderators. Journal of Applied Psychology, 101(8), 1151-1177.

（6）役割の曖昧さ、役割の葛藤が大きいほど、自律性、フィードバック、周囲からの支援が小さいほど、テレワーク消耗感が大きくなることが分かっています。これらは「仕事の要求度－資源モデル」を支持する結果です。また、テレワークの程度が高まると、役割の曖昧さは上がるが、役割の葛藤は下がり、自律性は上がるが、フィードバックは下がることが明らかになっています。Sardeshmukh, S. R., Sharma, D., and Golden, T. D. (2012). Impact of telework on exhaustion and job engagement: A job demands and job resources model. New Technology, Work and Employment, 27, 193-307.

アが高くなっています。

この状況を打開するために重要なのは、周囲からのフィードバックやサポートを得ることです。**周囲とコミュニケーションをとれば、役割は明確になり、消耗感も緩和できます。**オンラインでコミュニケーションをとるのが難しいことは何度か述べていますが、だからこそコミュニケーションをとろうとする意識と仕組みが必要です。

オンライン朝礼などの定期的なコミュニケーション機会を制度化する方法があるでしょう。お互いに遠慮なくチャットなどで助言を求める風土作りもよいと思います。特に、上司が部下に相談を持ちかけるような姿勢を見せることは、部下も「気軽に相談して大丈夫なんだ」と判断できるため、効果的です。

2. オンライン化により、面接官への教育は必要になるか？

Q. オンライン採用を行うに当たり、面接官に対して新たに必要な教育はありますか？

A. 面接官への教育は、対面でもオンラインでも大事です。経験年数が長い面接官に対しても、教育は行いましょう。また、前提として面接を構造化することが有効です。

面接官への教育は対面でもオンラインでも必要

対面であろうとオンラインであろうと、面接官に対する教育は行いましょう。まず、面接の役割について話をすべきです。「面接とは評価する場だ」と考えてしまいがちだからです。

弊社ではオンライン面接用の面接官トレーニングを提供していますが、提供先の面接官からは「見極めが難しい」という悩みをよくうかがいます。しかし、面接の役割は候補者を見極めることだけではなく、候補者の自社への志望度を高めることも含みます。その理解が欠落していると惹きつけができず、最終的に自社を選んでもらえません。

見極めに視点を絞れば、特に注意が必要なのは面接官の経験年数が長い人です。「優秀な人材にはこういう特徴がある」というステレオタイプを強く持っている傾向があるからです。(7) 評価に際してはバイアスが影響すること、面接経験を経ても例外はないことを改めて強調しましょう。

今はかなり減りましたが、いわゆる圧迫面接も「候補者の適性を見極めてやろう」という姿勢から生み出されます。圧迫面接とまではいかなくても、粗相した学生を厳しく注意する面接官がいることが、選考離脱した学生への調査結果からは見て取れます。

面接官としては「しっかり注意したほうが本人のためになるだろう」と考えているのかもしれません。しかし、面接官と学生の間で信頼関係ができていないうちから叱咤しても、その真意が理解されません。そのような対応を取られた企業に行きたいと思う候補者は少ないでしょう。

最近は口コミも重視されるため、マイナス評価が後々の候補者にまで伝播するリスクもあります。面接は「相手を惹きつける役割もある」場だということを、面接官には繰り返し共有すべきです。

構造化により面接の質を担保する

オンラインの面接では、「なんとなく当社に合いそう」「一緒に働きたい」といった感覚だけで、採否の意思決定をしにくいものです。もし対面と同じような面接を行っていれば、面接官自身も「これで決めて大丈夫か……」と不安に襲われるはずです。

候補者の惹きつけを行いつつ、自社に合う人材かを見極める。この両立は、〝言うは易く行うは難し〟なのですが、それをできるだけ可能にするための手段が面接の「構造化」です。

詳しくは、第3章を参考にしてほしいのですが、オンライン面接はとにかく構造化が肝です。まず、面接の質問項目と評価基準を事前に設計します。その上で、それらを面接官に伝えましょう。それぞれの質問の意図を理解し、評価基準を自身に落とし込むことが、面接官の学習目標です。

逆に、経営者などが選考の最終段階において候補者へ熱意を込めて語りかけるような、対面面接に構造化は向きません。

(7) 古くから、経験を積み重ねることによって、むしろ自分のステレオタイプが強固なものになる可能性について言及されています。Wright, O. R., Jr. (1969). Summary of research on the selection interview since 1964. Personnel Psychology, 22(4), 391-413.

3. オンライン採用での実務的な注意点は？

Q. オンライン採用での実務的な注意点はありますか？

A. 個人情報の取り扱いには注意が必要です。利用目的を特定し、データの内容や使用範囲を次の担当者へ引き継いでいきましょう。データの利活用と個人情報の保護のバランス感覚が求められます。

個人情報の取り扱いに注意が必要

近年、ＨＲ系の企業が個人情報に関する問題を起こし、メディアでも大きく報じられました。２０２０年に個人情報保護法が改正されるなど、個人情報の取り扱いは社会的にも関心が高い。採用活動においても、候補者の個人情報をどのように扱うかは注意が必要です。

個人情報を扱う上で重要なのは、利用目的を特定することです。採用段階では、候補者から様々な情報を収集します。今までは、そのデータを採用活動にしか用いませんでした。あるいは、採用にさえしっかり活かせていなかったといえます。

しかし採用管理システムや、オンライン採用の支援ツールが整備されるにつれて、得られたデータを蓄積・分析する企業も出てきています。採用活動で得られるデータが、採用のPDCAを回す材料になるのです。

このような背景を踏まえると、利用目的の定め方は重要です。候補者から合意を得た目的に沿う利用が求められます。

なお、個人情報の扱いについて、つまずきやすいケースがあります。採用担当者の異動によって、データや利用目的がうまく引き継がれないケースです。「これはどういう目的で集められたデータか」「いつまで保管しておくものか」「どういうシチュエーションで使ってよいのか」など、後任の採用担当者がわかるようにしておきましょう。データと利用目的については書類を残し、教育を行って引き継いでいくことが大事です。

個人情報をめぐっては、「データを用いて新しいことをしよう」という側面と、「個人の権利を守ろう」という側面が、社会や市場の中で綱引き状態になっています。この状態は今後も続くでしょう。採用担当者は、このような構図を意識しながら、バランスを取ることが求められます。法律はもちろんのこと、社会的にどこまで許容されるかという視点を持つことも大切です。

採用における個人情報の扱いについて強調しておきたいのは、「候補者にとって不利になることは避ける」ということです。何が候補者にとって不利になるのかについては、企業側から推測するだけでは限界があります。採用活動が一段落したら、候補者を対象にインタビューやアンケートを実施するなどして、候補者が選考プロセスにおいて感じたことを把握するように努めましょう。

こうした候補者ファーストの姿勢は倫理的に重要であるだけではなく、結果的に採用の成果をも呼び込みます。企業の姿勢は候補者に伝わり、候補者との間で信頼関係を形成することにつながるからです。

4. 面接マニュアルの制作・刷新の必要性はあるか？

Q. 採用をオンライン化することによって、面接のマニュアルの制作・刷新の必要はありますか？

A. あります。マニュアルは定期的に見直し、運用の際には関係者を巻き込んで説明をする場を設けましょう。

オンライン化においてマニュアルは非常に重要

本著においては、オンライン面接における構造化の重要性について何度か指摘してきました。構造化とは、端的にいえば〝分かりやすいマニュアルをつくること〟です。これまで面接のマニュアルがなかった企業は、これを機に作りましょう。特にマニュアルに含めるべき内容は、面接で何を尋ねるか、そして、候補者の回答をどう評価するか。この2点です。面接官と目線合わせができる内容をマニュアルに盛り込みましょう。

オンライン面接に限らず、面接のマニュアル作りのプロセスで一定数現れるのが、「自分はマニュアルに縛られず自由に話したい」と考える面接官です。弊社はオンライン面接のマニュアル作りを支援したことがありますが、一部の面接官の方は上記を理由にマニュアルをほとんど使いませんでした。しかし、採用活動後に内定者調査を行うと、「マニュアルを使用していた面接官」と「マニュアルを使用していない面接官」では、後者のほうが面接を通じた志望度上昇が低い傾向にありました。やはりオンライン面接では構造化によるマニュアルが必要です。

対面面接でマニュアルがすでに整備されている企業は、それがオンラインの面接でも利用できるものとなっているかを確認しましょう。対面とオンラインの面接には様々な違いがあるため、第3章などを参考にしながら修正を行うとよいでしょう。

マニュアルは定期的に見直しを

マニュアルは、その年の採用プロセスを鑑みて見直しをかけます。「ほしい人材を、目標としていた人数通り採用できたか」という振り返りは言うまでもなく、マニュアルを使った人に対して感想をヒアリングしましょう。例えば、「この質問ではあまり引き出せませんでした」「この質問は候補者の性格・能力を確認する上で有効でした」などの意見を聞き、来年に向けてマニュアルを改訂します。こうした地道な作業を毎年続けることが、〝採用力〟の強化をもたらします。

候補者の声も参考にしましょう。新卒採用では内定承諾者・辞退者調査などの方法があります。「選考プロセスがどうだったのか」「他社と比べてどのような印象を受けたか」「どのように就職活動を進めていたか」など、アンケートやインタビューを通じて明らかにします。分析結果はマニュアルの更新に活かせます。

マニュアルを適切に運用するためには？

マニュアルを面接官にメールで送るだけでは、採用担当者が想定するような運用はなされません。「必ず読んでください」と言っても、日常業務に追われて、きちんと読み込んでくれる社員は少ないものです。

打ち合わせの場を設け、マニュアルの趣旨や内容を共有します。マニュアルの背景も伝えましょう。例えば、「共感性」を評価するという項目があったなら、なぜそれを「自社で重視して評価する必要があるのか」を説明します。

事前に説明の時間をとることで、「ここがわからなかったんですが、どういう意味ですか？」といった疑問や感想を得ることができ、マニュアルをより使いやすいものにできます。また、マニュアルについてディスカッションする工程を挟むことで、面接官に当事者意識が芽生えます。

隅々まで配慮され、言語化されたわかりやすいマニュアルを作ることは大事です。しかし、それは最終的に到達する地点であって、初めのうちは説明のプロセスに力を入れて、改善を積み重ねていきましょう。

第6章

これからの雇用

～雇用状況と雇用システムの変化にどう対応するか～

1. 新型コロナウイルス感染症が雇用に与える影響

状況を理解する指標すらない未曾有《みぞう》の事態

本著の最後に、新型コロナウイルス感染症が、日本の雇用に与えた影響についてお伝えします。本著の冒頭でも触れましたが、企業間で人が移動する外部労働市場（雇用状況）と、各企業の中で人材を育成・管理する内部労働市場（雇用システム）という2つの領域があります。採用活動は、この2つが重なるところで行われています。採用担当者が2つの労働市場に関する理解を深めれば、今後の採用のあり方を考えやすくなります。

現段階では感染症が与える影響により、社会も市場も揺れ動いています。本著が刊行される頃にはもう少し落ち着いていてほしいと願いながらも、現実的にはしばらく変動し続けるでしょう。

今回の新型コロナウイルス感染症の流行下の雇用状況について調べれば調べるほど、急激で大規模な変化が起きたことを痛感します。過去にも、いわゆる「リーマンショック」が起きた時には経済に大きな打撃がありました。また、アジアではＳＡＲＳなども経験しています。ところがいま起きているのは、それらよりも巨大な変動です。そのため雇用状況に関心を払う採用担当者の方も多く、弊社の採用コンサルティングにおいても、「他社は採用を抑制しそうですか？」という質問をよく受けます。

今回のコロナ禍による経済的な変動の大きさは、「過去に研究者が作ってきた指標がほとんど使えないほど」のものです。新型コロナウイルス感染症が経済にどのような影響を及ぼすかを予測するための、明確な指標がない状態です。

現在進行形で研究者は、この未曾有の事態を把握するための新たな指標づくりに励んでいます。今、何が起こっているのか。私たちは、どのような不確実性に直面しているのか。それをとらえる指標をまず作らなければ、現状把握もままなりません。

「この産業の雇用が減っている」といったことは、行政の出す統計などを見ればわかります。しかし、その事実を説明する指標がなければ、なぜそうなっているのかまではわかりません。指標なき現在、これから何が起きるのかが推測しにくいのです。

雇用状況を精度高く予測するのはまだ難しい状況です。ここでは、社会が不確実性にさらされたときのこれまでの歴史や世界の状況を見渡し、今後の雇用状況を考える上でのヒントを示します。

不確実性を測る指標の提案

「世界が直面する経済的な不確実性に関する指標ができていない状況」という前提で、2020年9月に出された論文があります。[1] そこでは不確実性を捉える指標が暫定的に提案されているのですが、そのうち3つを紹介します。

①株式市場の変動予想：VIX指数

「VIX指数」は従来から存在するもので、株式市場がどれだけ変動するのかを表す指標です。1929年の世界恐慌やリーマンショック時のように、今回のコロナ禍においても株式市場が大きく変動しています。株式市場の変動予想が、不確実性について理解するヒントになります。

これまで、経済動向を詳細に観察する採用担当者は少なかったのではないでしょうか。しかし、今後の雇用状況や採用業務を考える際に、「株式市場がどうなっているか」をチェックすることが求められます。

②新聞ベースの不確実性指標

2つめが、新聞にもとづく不確実性指標です。新聞の中で「経済」「政策」「不確実性」といった言葉を含む記事がどれほど書かれているか。そのような観点から、社会経済の変動状況を探る指標です。

図 6-1　不確実性を測る指標の検討

株式市場の
変動予想
(VIX指数)
新聞でとり
上げられる
頻度
ツイッターで
つぶやかれる
頻度

シンプルな考え方ですが、この指標で雇用状況を説明することができるという期待が寄せられています。採用担当者は新聞もチェックし、そこで醸成されている雰囲気を察知する必要があります。

③ツイッターベースの不確実性指標

3つ目が、代表的なSNSであるツイッターで「経済」や「不確実性」、あるいはそ

---

(1) 新型コロナウイルス感染症のパンデミックによる経済的不確実性の尺度が開発・検討されはじめています。できる限りリアルタイム、少なくともわずかに遅れた状態で、現状すぐに利用できる尺度を探った論文が次のものです。
Altig, D., Baker, S., Barrero, J. M., Bloom, N., Bunn, P., Chen, S., Davis, S. J., Leather, J., Meyer, B., Mihaylov, E., Mizen, P., Parker, N., Renault, T., Smietanka, P., and Thwaitesg, G. (2020). Economic uncertainty before and during the COVID-19 pandemic. Journal of Public Economics, 191, 104-274.

れに似ている語を含むツイートを参照する指標です。この指標も、現状の雇用状況を説明できるのではないかと考えられています。

採用活動でSNSを用いていない場合も、採用担当者自身のアカウントだけは作成し、社会の空気感を把握するのに活用したいところです。

これらの指標ですが、①は株式市場・マクロ経済に注目するもので、②③は新聞やSNSなどメディアの動向にもとづくものです。一般には経済の動きがヒトの感情に影響を与えると思われがちですが、ヒトの心理や行動が経済を動かしているともいえます。「この業界は需要が減っていきそうで不安」と考える人が多ければ、それが現実化する可能性があります。株式市場の様子やメディアでの発信内容を追うことで、雇用状況を推論していきましょう。

「再配置」はどう起こるか

新型コロナウイルス感染症が雇用状況に与える影響に関するもう1つの論点は、「再配置」です。再配置とは、ある企業の人材が別の企業に移ることです。コロナ禍では、多くの再配置が起きると考えられています。[2]

コロナ禍によって打撃を受けた企業は、従業員の雇用を維持し続けられません。その結果、希望退職者を募るなどといった動きをとることは、第1章のP.43でも説明しました。そうして企業を辞めた人材は別の企業で働こうとする、つまり人材が移動します。

こうした再配置が、第2次世界大戦以降で最も速く進むかもしれない。そのような予測が、『ウォール・ストリート・ジャーナル』で示されました。再配置が進行していることを示す研究もあります。

ただし、産業をまたいだ再配置は起こりにくいともいわれています。**コロナ禍以前から、流動した人材の90%程度は同一産業の再配置であることが、多くの国で実証されています**(3)。例えば、飲食業界だった人がＩＴ業界に転職するのは珍しいケースです。

産業間の移動が今どれほど起きているのかについては、まだ厳密な検証ができていません。しかし、これまでの研究をもとにすると、産業をまたいだ大規模な再配置は起きにくい一方、同一産業内での再配置はたくさん起きてくるでしょう。

再配置の研究を参照すれば、採用担当者には今後、これまで以上に同じ産業内のライバル企業の動向を注視することが求められます。とりわけ中途採用においては、候補者が自身の経験やスキルを同じ産業で活かしやすい。競合他社の若手を中途採用で狙う、採用チームを運営す

(2) コロナ禍の再配置に関する議論については、次の論文のレビューを参考にしています。Barrero, J. M., Bloom, N., and Davis, S. J. (2020). COVID-19 is also a reallocation shock. National Bureau of Economic Research.

(3) 産業間の再配置が少ないという発見は、国や時期などを超えて再現されています。Davis, S. J. and Haltiwanger, J. (1999). Gross job flows. In O. Ashenfelter and D. Card (eds), Handbook of Labor Economics. New York, USA: Elsevier Science, North-Holland.

る企業もあるほどです。自業界における、他社の経営や採用の状況を把握し、対応する努力が欠かせません。

一方、日本の新卒採用は特殊です。新卒採用の候補者は未就業者であるため、業界をまたいで企業選びを行う場合があります。他の業界や業種でも、採用ではライバルになりえます。例えば、通信事業のＮＴＴデータと食品メーカーの森永乳業が採用上の競合関係になることもあるのです。内定承諾者・辞退者の調査等を通じて、どの企業や業界が自社のライバルになっているのかを確認しておきましょう。

ＳＡＲＳの影響はどうだったのか？

新型コロナウイルス感染症以外で記憶に新しい感染症といえば、ＳＡＲＳです。ＳＡＲＳは世界的に警戒されましたが、少なくとも当初の想定よりは低い罹患率と死亡率であったこと、そして封じ込めに成功したことで、今回のような事態は避けられました。

しかし当時、議論されていた内容は現在の状況を読み解く上で参考になります。[4]具体的には、2つの経路で経済に対する悪影響が発生する可能性が示唆されていました。

1つは、供給ショックです。感染拡大を防止するために、国が経済を止めたり移動を抑制したりします。（当時の技術では今よりハードルが高かった）テレワークが可能な企業を除いては労働の継続が難しくなり、労働力の供給にダメージが及びます。

もう1つが、需要ショックです。感染の食い止めに失敗した場合、消費行動が抑制されてし

図 6-2　SARSで予見されていたこと

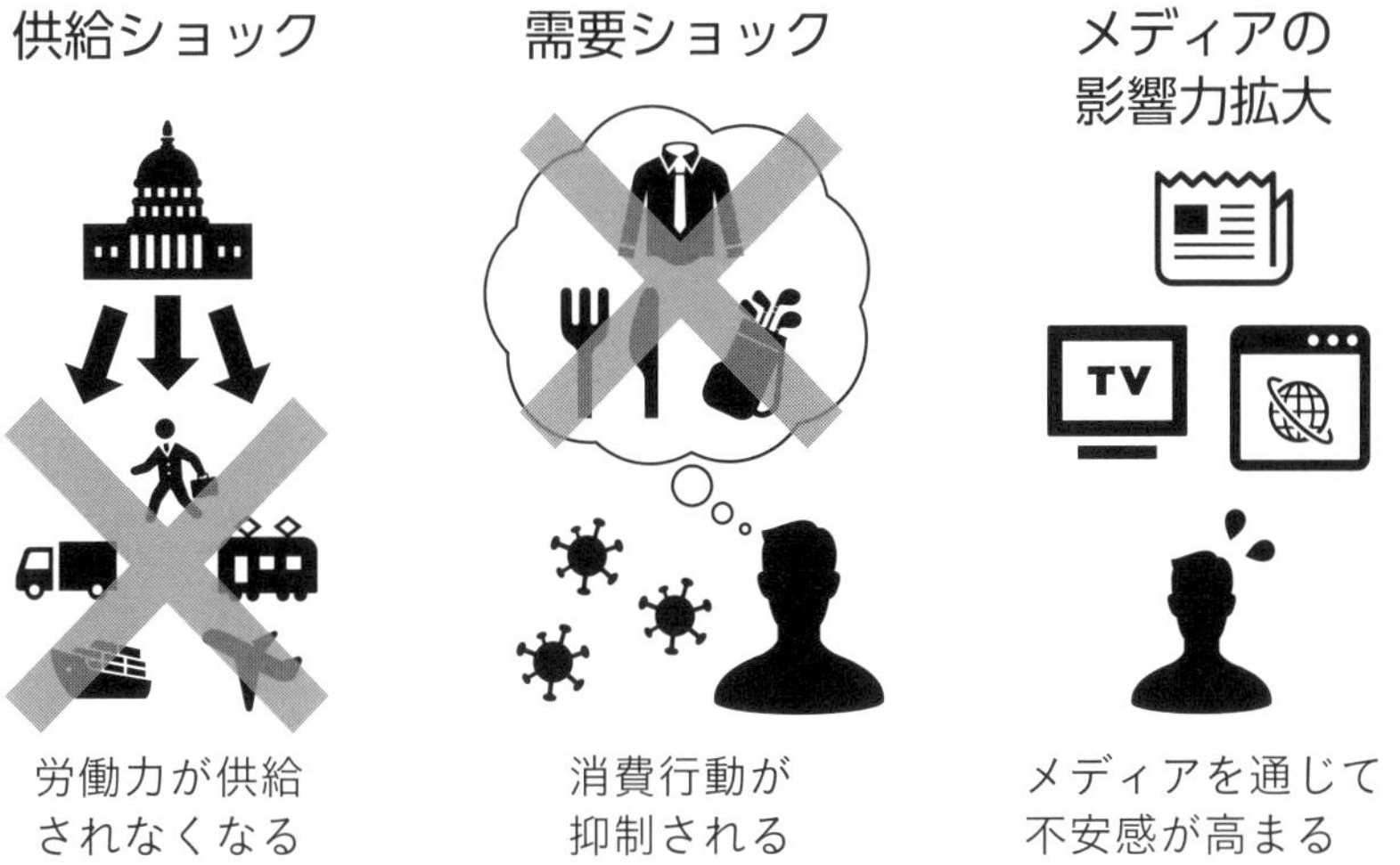
供給ショック
需要ショック
メディアの影響力拡大
TV
労働力が供給されなくなる
消費行動が抑制される
メディアを通じて不安感が高まる

まうと考えられていました。

新型コロナウイルス感染症では、まさにこの「供給ショック」と「需要ショック」が世界規模で起きています。

SARSの際は、予想よりも感染が拡大せずに済みましたが、経済的にはある程度の影響がありました。特に影響度を左右したのは、メディアの報道です。メディアを通じて、不安感が高められ、「何かまずいことが起きる

（4）SARSの流行が経済に対して潜在的に影響する経路として、供給ショックと需要ショックが提示されました。ただし、当時そこまで大きな経済的な影響は認められなかったようです。Lee, G. O. M. and Warner, M. (2006). The impact of SARS on China's human resources: Implications for the labour market and level of unemployment in the service sector in Beijing, Guangzhou and Shanghai. The International Journal of Human Resource Management, 17, 860-880.

のではないか。外に出るのやめておこう」「働きに出るのをちょっと抑えよう」「買い控えよう」などの心理が働き、経済的な打撃につながったのです。

同じような状況は、新型コロナウイルス感染症においても起きています。感染力の強さや世界的な蔓延という事実はありますが、メディアの報道が人々の不安感を高めています。ウイルスそのものが経済に打撃を与えるより、私たちがウイルスに持つ印象や各々の推論が行動に影響を与え、そして雇用に影響が及びます。例えば、「コロナ禍による内定取消し」のニュースが流れた際には、内定者は自身も取り消されるのではないかと強く懸念していたことが、弊社の内定者調査からわかっています。

よく「メディアを鵜呑みにするな」と言われますが、それはメディアを見ないということではありません。むしろ、SNSを含めた各種メディアを通じて、社会の人々の心理を「考察する」ことが求められます。不確実性の高い状況では、人の心理をめぐる情報を一層収集し、それを客観的に分析して、今後の採用方針に活かしましょう。

2. 日本の雇用システムの特徴

日本の雇用システムの特徴とは何か？

ここまでは、新型コロナウイルス感染症の影響下にある雇用状況について検討してきました。ここからは雇用システムの話になります。雇用システムとは、働き方をめぐる様々な制度の体系です。雇用状況は外部労働市場の話が中心でしたが、雇用システムの説明では内部労働市場のあり方と、それがどう変わろうとしているかを考えます。

まずは、日本の雇用システムの特徴を2つ取り上げます。「長期雇用」と「年功序列」の2つです。

長期雇用はライフタイムコミットメントという英語の訳です。同じ会社で長きにわたって働くことを指します。そして年功序列は、勤続年数が上がるにつれて賃金を積み増しする慣行です。

1970～80年代頃、日本経済の躍進を支えた日本独自の雇用システムは、世界で注目されていました。しかし、1990年代に入ると、バブルが崩壊して経済が停滞したため、国際的な関心が薄れていきました。[5]

長期雇用は維持されたが、年功序列は緩和された

最近は、「長期雇用の時代ではなくなった」「多くの人が転職する時代になっている」と言われています。ただ、新卒で入った企業に残る人は今もそれなりにいます。企業の10年以内の残存割合は、以前と比べて確かに減少していますが、それは非正規雇用の割合が増えたことも影響しています。新卒の正社員として入社し、同じ企業で働き続けている人は依然として多く見られます。[6]

他方で、年功序列は緩和されています。これは、企業が意図的にメスを入れていった結果です。成果主義の導入をはじめとして、勤続年数が上がると基本給が上がる年功給的な運用を抑える努力が積み重ねられました。結果、年功の度合は以前より小さくなっています。[7]

成果主義×長期雇用の新日本モデル

現在の日本では、「成果主義×長期雇用」を取る企業が多いといわれています。長期雇用は維持しながらも年功序列は緩和させ、成果主義を導入しているという企業は半数を超えます。[8]これからも同様の企業が増えるかもしれません。すぐに離職してほしくはないけれど、年功給

図 6-3　日本の雇用システムの変化

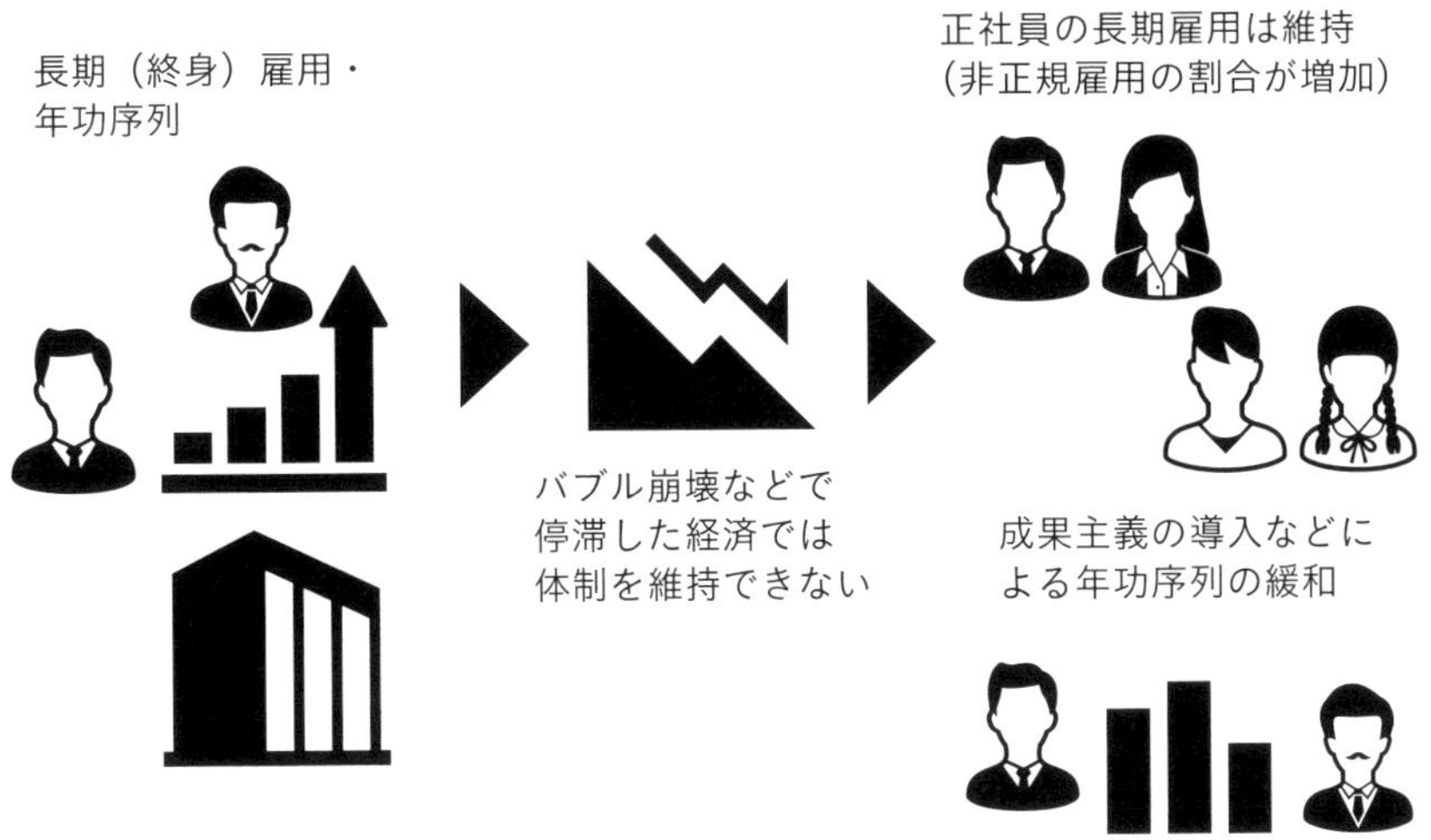
長期（終身）雇用・
年功序列
バブル崩壊などで
停滞した経済では
体制を維持できない
正社員の長期雇用は維持
（非正規雇用の割合が増加）
成果主義の導入などに
よる年功序列の緩和

は維持できないという方向性です。

しかし、成果主義と長期雇用の両立にはジ

（5）日本独自の雇用システムは１９９０年代以降、世界の中では半ば見放されてしまいます。その要因としては、経済の停滞、マクロ経済政策の問題、組織改革や新技術の開発の遅れ、グローバル化による競争激化、日本を参考にした競合の出現、日本社会でのデモグラフィック要因や価値観の変容など、様々です。Blahova, M., Palka, P., and Zeleny, M. (2014). Contemporary trends in Japanese business environment: A review of existing empirical evidence. Human Systems Management, 33(3), 57-70.

（6）政府統計をもとに１９８０年代から２０１０年代の長期雇用の動向を分析した結果、平均勤続年数の低下は勤続５年未満の従業員が増えたことが原因であること、勤続５年を超えた従業員については、10年残存率が低下したとは言えないことなどが発見されています。加藤隆夫・神林龍（２０１６）「１９８０年代以降の長期雇用慣行の動向」『経済研究』第67巻４号、３０７－３２５頁。

レンマがあります。長期雇用は「育成」と「集団」を重んじる一方で、成果主義は「短期の成果」に着目します。10年後、20年後の成果を見ているわけではありません。「集団」ではなく、「個人」が評価対象になっている点も成果主義の特徴です。長期雇用で重視する価値観と、成果主義の価値観は食い違っているのです[9]。

異なる2つの価値観が組織の中に共存していると、様々な矛盾が表出します。例えば、「キャリア自律」といいながら、会社都合の異動を行う。目標管理を導入しつつ、人事評価は職務能力が中心など……。これはコロナ禍以前の話ですが、弊社がある企業で組織サーベイを実施した際、キャリア自律が低い人ほど「企業に裏切られた」と感じやすい傾向にありました。これまでのキャリアは企業主導だったのに、急にキャリア自律を唱えるのは話が違うという思いなのでしょう。

しかし、企業が生き残るためには、例えば「キャリア自律と人事権を両立させるために、転居を伴う異動については特定の層に限定する」といった具合に、こうしたジレンマとうまく折り合いをつける必要があります。英語の「マネージ」には「なんとかする」という意味がありますが、まさしくその意味での「マネージ」が求められます。

このジレンマは採用の文脈にも当てはまります。個人の短期的な成果が評価されるのか、中長期的な育成が評価されるのかで、本来は採るべき人材が変わるはずです。

雇用システムに手を加えようとすることで様々な矛盾が現れます。矛盾を調停するのは容易ではありません。しかしこれらを併せ呑み、社内でなんとか運用する能力こそ、人事および採用担当者に求められる能力ではないでしょうか。

状況が目まぐるしく変化する中、一貫したロジックで経営・人事・採用が進むことは考えにくい。そうした環境でもバランスをとりながら、候補者に嘘偽りなく、けれども自社を魅力的に感じてもらえるように働きかけていく。例えば、矛盾を求職者に包み隠さず話し、その上で企業としてバランスをどうとっていくのか。どのような組織を作ろうとしているのか。こうしたことを候補者に語ることが必要です。

弊社の採用コンサルティングなどの現場において、矛盾するものをうまく進める採用担当者を見ていると、共通点があると感じます。具体的には、

(7) 年齢の増加による賃金上昇の大きさを年功度と定義した上で、同一事業所において1997〜2001年、2002〜2006年、2007〜2011年における、5年ごとの年功度の変化を算出したところ、1997〜2001年から2002〜2006年にかけて年功度は低下、2002〜2006年から2007〜2011年にかけて年功度はわずかに低下していることが分かりました。神林龍（2016）「日本的雇用慣行の趨勢：サーベイ」『組織科学』第50巻2号、4－16頁。

(8) 402社の企画部門を対象にした調査によれば、成果主義と長期雇用を共に重視する企業の割合は53％でした。西岡由美（2015）「人事方針と人事施策の関係が企業成長に及ぼす影響」『RIETI Discussion Paper Series』15-J-029。

(9) 成果主義と長期雇用が矛盾をはらんでいる点、そして、それが企業の成長にネガティブな影響を与え得る点については、西岡由美（2015）「人事方針と人事施策の関係が企業成長に及ぼす影響」『RIETI Discussion Paper Series』15-J-029。

①矛盾するものがあることを認識している
②矛盾するものを二者択一的に促えない
③関係者に応じて説明の方法を変えている
④矛盾するものを統合するようなコンセプトを出す
⑤矛盾を受け入れてもらうために、粘り強く交渉している

といった点です。これらを意識することで、ジレンマの中でもしなやかに前進することができます。

3. ジョブ型雇用を導入する是非

導入が検討されはじめたジョブ型雇用

社会や市場が変わる中で、メンバーシップ型雇用をそのまま維持するのは難しくなっています。メンバーシップ型雇用とは、長期雇用、年功序列、限定されない職務、企業の人事権など、日本独自の雇用システムを指す概念です（メンバーシップ型雇用については第1章でも触れています）。企業は様々な修正を加えて、メンバーシップ型雇用の問題点を改善しようとしてきました。そうした動きの延長線上にあるのが、近年の「ジョブ型雇用」をめぐる議論です。

ジョブ型雇用は、メンバーシップ型雇用に対比される雇用システムです。メンバーシップ型雇用もジョブ型雇用も雇用システムの話であるため、様々な要素がそこには含まれます。例えば、ジョブ型雇用の要素としては、職務記述書の作成、企業と従業員の合意、賃金等に紐づく職務などの点が挙げられます。

新型コロナウイルス感染症が蔓延する以前にも、ジョブ型雇用の議論は取り上げられていました。背景の1つとして、自社にとって優秀な人材によい条件を提示して採用したいという企業の思惑がありました。卓越した人材を採用するには柔軟な待遇が必要です。採用力の強化を名目にジョブ型雇用が注目されていたのです。

例えば、新卒に高額な初任給を提示する企業が現れました。本来は、職務に賃金等を関連づけ、ある職務から別の職務に移る際に企業と従業員が交渉するという方法をとらないと、ジョブ型雇用とは呼びません。その意味で、ほとんどの企業はジョブ型雇用を導入してはいないのですが、少なくとも企業が柔軟な待遇をもとに、自社にとって優秀な人材の獲得を模索したのは事実です。採用活動とジョブ型雇用の議論は近い距離にありました。

なお、ジョブ型雇用とメンバーシップ型雇用の違いとして見過ごされやすいものに、人事権の問題があります。メンバーシップ型雇用においては、企業側が強い人事権を持っています。そのため事実上、従業員の合意をほとんど得ることなく部署を異動させることができています(あるいは、異動を断ることが不利益を生じさせるため、断ることが難しいという言い方もできます)。

一方、ジョブ型雇用においては職務の変更に際して、企業は従業員と交渉する必要があります。従業員が了承しなければ変更はできません。縦(昇格・降格)の異動でも横(配置転換)の異動でも同様です。実際のところ変更の交渉にはコストがかかるため、空きポストが出た際には、内部の人材に職務変更を促すより外部の人材の採用を狙う傾向にあります。

日本でジョブ型雇用を導入する際には、人事権の問題を注視する必要があります。**ジョブ型**

雇用と言いながら職務を今よりいくらか明確にしたのみで、企業に強い人事権が残されたままでは、企業の意向で従業員を異動させることができます。それは1人の従業員に様々な仕事を割り当てられるということであり、メンバーシップ型雇用の修正を意味します。日本企業の中には、ジョブ型雇用という旗印を掲げつつも、内実はメンバーシップ型雇用の修正という形で運用するところもあるのではないでしょうか。

雇用システムをめぐる議論については、「ジョブ型雇用の話をよく聞くから、うちでも導入しよう」などと流行りに踊らされることなく、今までのシステムの価値を丁寧に吟味して、その上で変えてよいものと手放してはならないものを見極める必要があります。社会や市場が変化したからといって、拙速に組織を改変するのはリスキーです。

例えば私の知っている範囲で、社長の代替わりの際に採用・評価・育成を一挙に変えた企業があります。しかし、急激な改革に従業員が反発し、大量の離職者が出てしまいました。このような事態に陥らないよう、新しい環境に少しずつ順応することが求められます。

メンバーシップ型雇用で問題視されたこととは?

メンバーシップ型雇用の特徴の1つ、年功序列においては、勤続年数が増すごとに賃金が上がります。一度上がった賃金は、従業員の心理的にも社会や企業の制度的にも下げることが難しい。人件費が高騰すれば経営が圧迫されます。不況などの影響も受けやすくなります。そのため、企業は様々な方法で年功序列の緩和に取り組んできました。先に解説した成果主義の導入もその1つです[10]。

最近では従業員のキャリアの話も、メンバーシップ型雇用の限界として指摘されています。メンバーシップ型雇用では、会社都合で異動や転勤を行います。従業員が自分のキャリア形成を企業に委ねている状態です。キャリア自律が求められる社会情勢の中で、企業依存のキャリア形成は問題視されています。

ワークライフバランスの観点でも、メンバーシップ型雇用は批判を受けています。メンバーシップ型雇用では仕事が限定されていません（ジョブ型でもほとんど限定されていない職務を規定する場合もありますが、一部の人に限られます）。加えて、日本の職場ではお互いの仕事が重なり合っています。長時間働くことが評価につながりやすいという慣習もあります。こうした条件が相まって長時間労働がもたらされやすい点は、メンバーシップ型雇用から派生する問題です。

ジョブ型雇用とワークライフバランス

メンバーシップ型雇用からジョブ型雇用に転換すれば、ワークライフバランスは実現するのでしょうか。ジョブ型雇用を採る欧米では、バカンスに行くイメージや、就業後に趣味や家族との団欒《だんらん》など、豊かな時間をすごす印象が強いかもしれません。

しかし、ジョブ型雇用の社会では、ライフの充実化と引き換えに失っているものがあります。

それは中長期的な出世や報酬アップの可能性です。働かない時間を設ける代わりに、経済的な意味での成功を手放しています(11)（ジョブ型雇用の社会では、ワークに打ち込むエリート層とライフを充実化するノンエリート層が入社時から分かれている傾向があります）。

このトレードオフは、メンバーシップ型雇用でも現れはじめています。先ほどはメンバーシップ型雇用について、長時間労働がワークライフバランスを妨げることを挙げました。しかし、従業員はワークライフバランスを望むと同時に、高い報酬も求めてもいます。これらの両立は、一部の事業を除いて実現が難しいと言わざるを得ません。

メンバーシップ型雇用の日本からすれば、ジョブ型雇用という隣の芝生は青く見えますが、雇用システムは一長一短です。冷静に実態を見つめる必要があるでしょう。

(10) バブル経済崩壊後から、成果主義は社会的な関心を集めました。1990年代後半には成果主義ブームが起こりましたが、年功度の緩和を成し遂げた一方で、従業員のモチベーション低下をもたらすなど、成果主義は失敗に終わったとされています。荻原祐二（2017）「日本における成果主義制度導入状況の経時的変化」『科学・技術研究』第6巻2号、149－158頁。

(11) 欧米のジョブ型雇用がワークライフバランスと相性がよいのは、職務と賃金を固定化させる代償として、ワークライフバランスを獲得できているからだという指摘があります。井上裕行（2020）「日本の雇用制度を展望するための視点：日本型雇用システムを巡る議論と現実」『東京経大学会誌』第305号、35－56頁。

ジョブ型雇用は有効な手立てか？

ジョブ型雇用について解説を続けます。ジョブ型雇用の特徴として、「職務記述書」の作成があります（繰り返しになりますが、職務記述書の作成はジョブ型雇用の要素の1つであり、これのみでジョブ型雇用になるわけではありません）。コロナ禍においてジョブ型雇用の導入を主張する声の裏には、職務記述書の作成を主張する声が重なっています。

海外の人事プロフェッショナルによれば、職務記述書を定めることで、次のようなメリットが得られるそうです[12]。

①従業員の士気が向上する
②仕事の成果の測定が可能
③期待に応えない従業員への対応が可能
④従業員の能力が向上する

職務を定義しているほうが、取り組むべき仕事が明確であるため、士気が上がります。求められる成果に到達したか否かも分かりやすい。期待外れの仕事ぶりしか示さない従業員への対応を見直すこともできます。仕事で必要な能力が明らかになっていれば、能力開発もしやすいというわけです。

図 6-4　職務記述書の作成で得られるとされるメリット

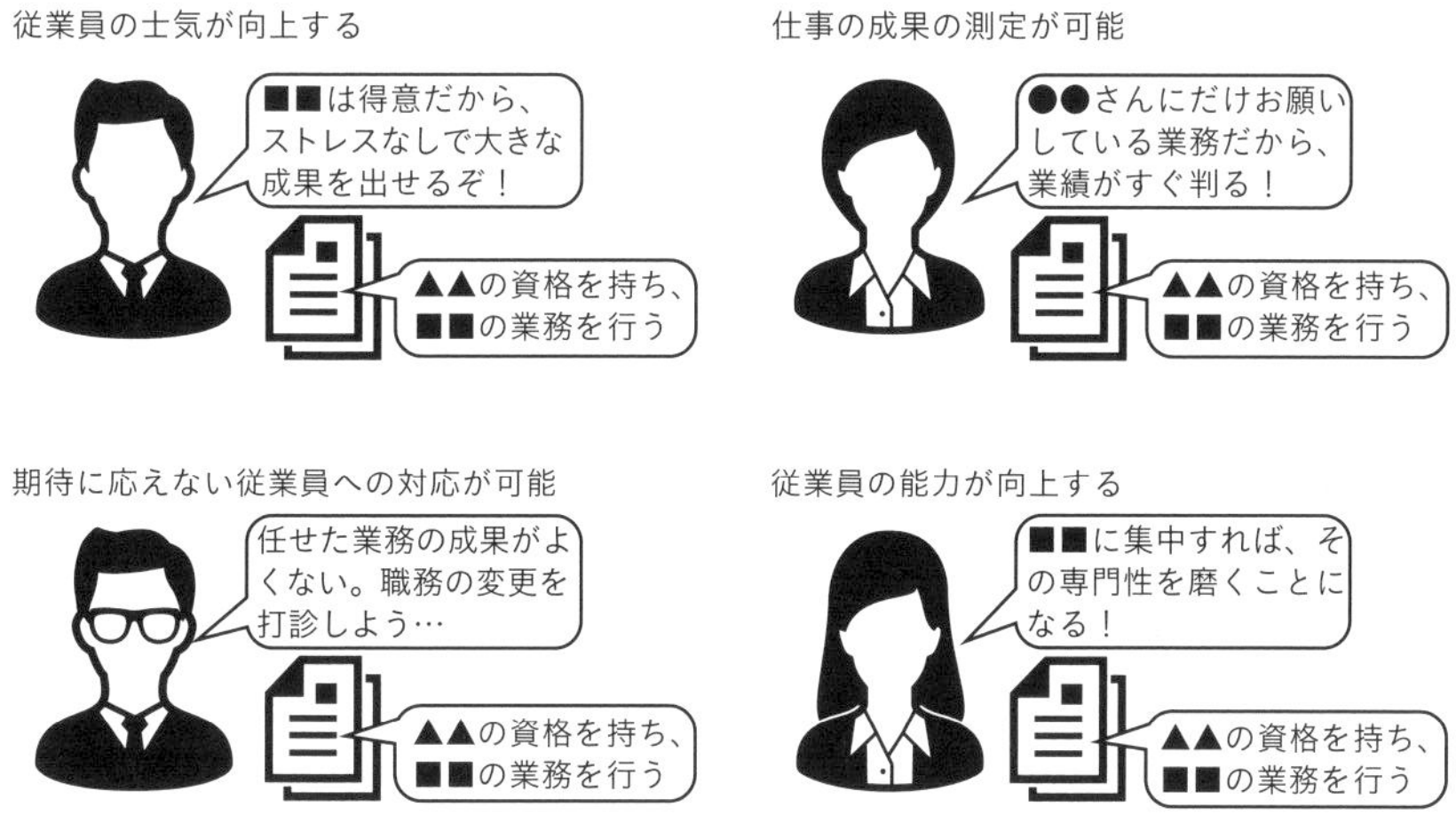
従業員の士気が向上する
■■は得意だから、ストレスなしで大きな成果を出せるぞ！
▲▲の資格を持ち、■■の業務を行う
仕事の成果の測定が可能
●●さんにだけお願いしている業務だから、業績がすぐ判る！
▲▲の資格を持ち、■■の業務を行う
期待に応えない従業員への対応が可能
任せた業務の成果がよくない。職務の変更を打診しよう…
▲▲の資格を持ち、■■の業務を行う
従業員の能力が向上する
■■に集中すれば、その専門性を磨くことになる！
▲▲の資格を持ち、■■の業務を行う

ところが、このような実務的な予想とは裏腹に、ジョブ型雇用を直接的に取り上げた実証研究は希少です。そこで、職務（ジョブ）ではなく役割（ロール）の研究を参考に、実務的に言われていることが学術的に妥当なのかを見ていきましょう。

役割に関する研究によると、仕事の役割が明確であれば、仕事への満足度、組織への愛着、仕事のパフォーマンスが上がり、不安感、離職したい気持ちなどが下がります。[13]「役割は曖昧《あいまい》であるよりも明確なほうがいい」のです。

(12) 人事プロフェッショナルのMader-Clarkが記したハンドブックにおいては、職務記述書の構成や効果など多くの観点が盛り込まれています。学術研究でも参照される一冊です。Mader-Clark, M. (2013). The Job Description Handbook. Nolo.

ただし、役割が明確になればよい効果が生まれるとしても、職務が定まっていれば役割が明確になるのかは別問題です。仕事内容を記述したら、役割は本当に明確になるのでしょうか。

この問いに答えるために、役割を明確にする要因を紹介しましょう。結論を述べると、例えば次のような要因があることが分かっています。

①仕事の裁量
②周囲からのフィードバック
③最初から最後まで担当できる仕事
④上司の協力・支援
⑤部下の参加を促す上司の行動
⑥ルールや手続きの規定

初めに注目したいのが、役割を明確にする要因に「仕事の裁量」が含まれている点です。自律的な仕事を与えられているときのほうが、自分の仕事の役割は認識しやすいのです。

(13) 組織論において役割曖昧性の研究は多く実行されてきました。それらの研究を統合的に分析した研究を参照し、役割曖昧性が低いことの効果や、役割曖昧性を下げる要因について挙げています。Jackson, S. E., and Schuler, R. S. (1985). A meta-analysis and conceptual critique of research on role ambiguity and role conflict in work settings. Organizational Behavior and Human Decision Processes, 36(1), 16-78.

図 6-5　仕事の役割を明確にする 6 つの要素

周囲からのフィードバックも役割を明確にする要因です。様々なコメントを受け取る中で、自分が求められている役割が見えてきます。

仕事を最初から最後まで自分が担当していること。これも仕事の役割を明確にします。仕事の全体像を踏まえた上で詳細を把握できるからです。

上司が仕事に対するアドバイスをくれたり、部下を意思決定に参加させたりすることも有効です。弊社がいくつかの日系企業で組織サーベイを実施した経験にもとづくと、上司とのコミュニケーションは、周囲からのフィードバック以上に役割を明確にする効果があります。上司とのやりとりを強化することが大事です。

役割を明確化する要因の最後には、ルールや手続きの規定が挙げられています。これは、職務記述書の作成に関連しているかもしれません。職務の記述は、ルールや手続きを規定することにつながりうるからです。

このように見ていくと、**職務記述書の作成は、役割を明確にする要因の一つでしかありません。ほかにも多様な要因があります。**それらを整備しなければ、仕事の役割を明確にすることは無理です。職務記述書を作成しても、例えば上司や周囲とのコミュニケーションが不足していれば、その人の役割は明確にならないのです。

ジョブ型雇用のデメリットをどこまで許容できるか

職務を記述すること自体に負の側面もあります。それは、規定されている内容から実際の業務が離れると、職務満足度が低下する点です。[14] どんなに細かく職務を規定しても、その人が担うべき全ての職務を書き出すことはできません。記述内容と実務との間には差分が生まれます。

海外では、「それは私の仕事ではない問題」も起きています。事前に定めた範囲外の仕事を依頼すると、「That's not my job.」と言って従業員が引き受けてくれないのです。[15] 組織として成果を出すためには、元々は想定していなかったものの、誰かがやらなくてはならない仕事を遂行する必要があります。みんなが「それは私の仕事ではない」と言っていると、組織が成り立ちません。

---

(14) 多国籍企業に勤める従業員を対象にした調査において、実際の職務が職務記述書と一致している程度と職務満足が負の関連にあることが明らかになりました。職務記述書の内容が現実と乖離していると職務満足は低いということです。Ramhit, K. S. (2019). The impact of job description and career prospect on job satisfaction: A quantitative study in Mauritius. SA Journal of Human Resource Management, 17, a1092.

(15) より広いレベルの成果を志向する態度を従業員に付与する必要があるという背景から、柔軟な役割志向性に関する研究が実施されました。興味深いのは、その論文の主題が「That's not my job（それは私の仕事ではない）」という点です。Parker, S. K., Wall, T. D., and Jackson, P. R. (1997). "That's not my job": Developing flexible employee work orientations. Academy of Management Journal, 40(4), 899-929.

こうしたことは、1960年代から指摘されてきた古典的な議論です。具体的には、組織が存続するために必要なものとして、次の3つが挙げられました。

①組織に参加して留まること
②最低限の役割を満たす従業
③役割を超えた自発的な活動[16]

特に③に注目してください。役割を超えた自発的な活動がなければ、組織はうまくいきません。組織における全ての役割はあらかじめ定義できないため、書いていない仕事を引き受ける人がいなければ、組織は回らなくなります。

学術界では「組織市民行動」という概念が提唱されています。組織市民行動とは、自発的に組織のために役割外の行動を取ることを指します。[17] これは欧米で発展した概念ですが、職務記述書を作成するジョブ型雇用の社会において、職務記述書には含まれていない組織市民行動に関する研究が増えたのは興味深いところです。組織市民行動は集団のパフォーマンスを促すことも分かっています。[18]

組織市民行動は、「仕事に満足していること」により促されます。[19] 必ずしも「仕事が明確なこと」で促されるわけではないのです。組織市民行動の研究を参考にしても、やはり仕事を明確化するだけですべてがよくなるとは考えられません。

ただし、メンバーシップ型雇用において発揮される組織市民行動に、何の問題もないかと言えば、そうでもありません。例えば、集団規範が強く機能しやすいメンバーシップ型雇用においては、組織市民行動が半ば強制的に課されているかもしれません（これを強制的組織市民行動といいます）。「同僚が困っているから助ける」という同じ行動でも、本人が望んで助けるのと、

---

(16) 組織論の古典でもあるKatz and Kahnによって提起された、この3点は近年では組織市民行動の意義を主張する文脈においても引用されています。Katz, D. and Kahn, R. L. (1966). The Social Psychology of Organizations. Wiley.

(17) 組織市民行動に関する起源、定義、測定、意義などについてまとめられた学術書があります。Organ, D. W. (1988). Issues in Organization and Management Series. Organizational Citizenship Behavior: The Good Soldier Syndrome. Lexington Books/D. C. Heath and Com.

(18) 組織市民行動に関する数十の実証研究を統合的に分析した結果、組織市民行動は、組織レベルの生産性、効率性、顧客満足、離職率などに対してポジティブな影響を及ぼすことが分かっています。集団レベルのアウトカムに対して、これだけ鮮やかな結果が得られる概念は珍しいといえます。Podsakoff, N. P., Whiting, S. W., Podsakoff, P. M., and Blume, B. D. (2009). Individual- and organizational-level consequences of organizational citizenship behaviors: A meta-analysis. Journal of Applied Psychology, 94(1), 122-141.

(19) 著名な学術雑誌に掲載された組織市民行動の過去の研究結果を統合すると、職務満足が組織市民行動を促していることが分かりました。職務満足が組織市民行動に与える影響は、役割内行動に与える影響よりも強いという結果も得られています。Organ, D. W. and Ryan, K. (1995). A meta-analytic review of attitudinal and dispositional predictors of organizational citizenship behavior. Personnel Psychology, 48(4), 775-802.

図6-6　組織市民行動が求められる理由

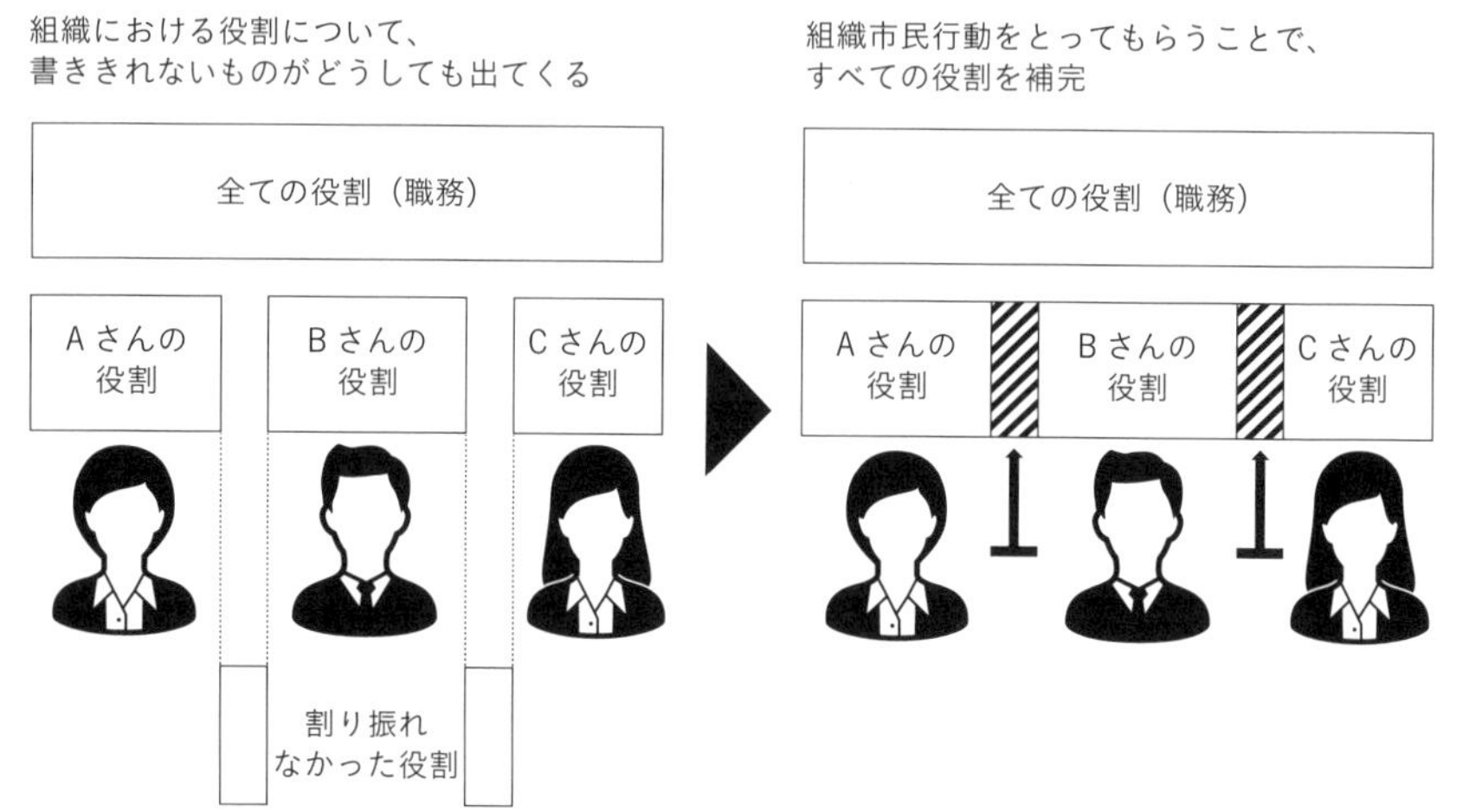
組織における役割について、
書ききれないものがどうしても出てくる
全ての役割（職務）
Aさんの
役割
Bさんの
役割
Cさんの
役割
割り振れ
なかった役割
組織市民行動をとってもらうことで、
すべての役割を補完
全ての役割（職務）
Aさんの
役割
Bさんの
役割
Cさんの
役割

助けなければならない圧力に屈して助けるのとでは、意味が異なります。

コロナ禍でジョブ型雇用が注目された理由

第1章のP.39等で示した通り、コロナ禍においてジョブ型雇用に対する注目は大きくなっています。それにしてもなぜ、ジョブ型雇用の議論が盛り上がっているのでしょうか。

その心理的なメカニズムは「意味維持モデル」で説明できるかもしれません。意味維持モデルによれば、ヒトは自分の行為や自分が直前した出来事に「意味（何かしらの説明や納得がいくこと）」を求めています。その意味が脅かされると、別の領域で新たな意味を獲得し補完しようとします[20]。

これを現在の状況に当てはめてみましょう。テレワークが一般的になり、仕事のやり

図 6-7　意味維持モデルとジョブ型雇用議論への影響

テレワークを余儀なくされたことでメンバーシップ型雇用の意味が揺らぐと……
これまでのマネジメントが無意味になってしまう……
そうだ、ジョブ型雇用にすればマネジメントのカッコがつくぞ！
テレワークに有効なマネジメント方法を求め、ジョブ型雇用に意味を見出そうとした

方が大きく変わりました。その中で、人事や経営層は「マネジメントは、このやり方で大丈夫だろうか」と不安になり、かつて各々が見出していたマネジメントをめぐる意味が脅かされました。

ヒトはそれを補完する「何か」を別のところで求めます。そのような中で注目されたのがジョブ型雇用、その一要素である職務記述書だと考えることもできます。「ジョブ型雇用に変えれば、マネジメントの意味が取り戻せる」と、まるで万能薬を求める心理が働いたのかもしれません。

(20) ヒトは既存の意味の枠組みが壊れると、代替的な枠組みを参照しようとします。これが「意味維持モデル」における中心的な主張であり、様々な観点から実証的にも支持されています。Heine, S. J., Proulx, T., and Vohs, K. D. (2006). The meaning maintenance model: On the coherence of social motivations. Personality and Social Psychology Review, 10, 88-110.

しかし、ここまで確認してきたように、ジョブ型雇用に安易に飛びついても、いま私たちが直面する課題がすべて解決するわけではありません。上司や周囲とコミュニケーションを取って自分の役割を認識することのほうがずっと大事です。

意味をめぐる問題はジョブ型雇用に限らず、採用チームにも関係します。コロナ禍によって対面を前提とした共同方法が揺らぐと、それによって失われた意味を求めて、別の領域にお手軽な解を求めかねません。例えば、「新たな採用システムを入れればいいのでは」「このサービスを使えばなんとかなりそう」というように、「他の何か」へ飛びつこうとしがちです。

ところが、それでは解決になりません。現時点でもオンラインのコミュニケーションツールは十分に充実していますし、メールや電話なども使えます。採用チームでコミュニケーションを交わしながら、地道に対策を検討しましょう。

少し角度を変えると、ジョブ型雇用をめぐっては、次のような考え方もできます。ジョブ型雇用へ転換を決めた企業において、対外的には「ジョブ型雇用を採用します」と表明するものの、現場では、その要件を忠実に守って運用されない可能性です。**公式的な方針と現場での対応にギャップが生じている状態を「脱連結」と呼びます。**[21] **表向きはジョブ型雇用を採るけれど、実態は「これまでとそんなに変わらない」状態になる**のです。

脱連結によって、企業としては社会に先進的なイメージを与えられます。従業員としても、自社の方針に従う体裁をとりつつ、現場のロジックで臨機応変に仕事に取り組めます。脱連結はある意味で合理的な戦略です（他方で、ジョブ型雇用の導入に大きな投資をした場合は、実質的にはそのリターンが得られないわけですから、合理的ではありません）。

ただし採用の文脈で、脱連結は厄介な存在です。というのも、外から見える組織と実態が乖離しているからです。これでは、候補者の考える入社前のイメージと入社後の現実のギャップが大きくなるばかりです。

長くなりましたが、ジョブ型雇用の議論を通じ、私が採用担当者の方にお伝えしたいのは、

①社会で流行っているからという印象だけで飛びつかず、多角的な知識を得るようにする
②なぜそれが流行っているのかなど、市場を俯瞰する目を持つことが重要
③既存のものを否定する主張には注意し、むしろ、肯定的な点に目を向けるぐらいがよい
④大きな変更をただちに行うのは組織にとってリスクがあるため、変更は少しずつ進める

---

(21) 組織は公式構造を掲げるものの、実際の活動は公式構造には従っていません。現場の課題は現場で非公式に処理されます。それにもかかわらず、公式構造が残り続けるのは、公式構造を採っていたほうが対外的にしっかりしているように見えて得をするからだと考えられています。Meyer, J. W. and Rowan, B. (1977). Institutionalized organizations: Formal structure as myth and ceremony. American Journal of Sociology, 83, 440-463.

といったことです。

ジョブ型雇用の議論には、雇用システムについて吟味することなく、雰囲気的に「採用を変えなければならない」と訴える主張も含まれています。ジョブ型雇用に限った話ではありませんが、社会的に盛り上がっている事柄については、その圧力やムーブメントに流されず、しっかりと検討を加えた上で慎重に実践を進めましょう。

4．ＩＴ化・ＡＩと雇用

ＩＴ化とＡＩが採用の分野にも

ＩＴという言葉が社会に浸透して久しい。インターネットの普及によって起きた通信技術の進歩を「ＩＴ革命」と呼び、社会のあらゆる分野にＩＴを取り入れる流れが続いています。採用も例外ではありません。ナビサイトの誕生からオンライン採用の普及に至るまで、ＩＴがなければ実現していません。

近年ではＡＩ（人工知能：Artificial Intelligence）という、機械が認識や学習をするような情報処理技術も導入段階に入っています。ヒトの脳では把握しきれない膨大なデータ（ビッグデータ）をＡＩに学習させることで、ヒトが気づかない発見を得られる可能性もあります。採用の場面でも、オンライン面接の動画やエントリーシートの記述内容などをＡＩで解析するサービスが登場しています。

ＩＴやＡＩに代表される将来的な技術革新によって、人事や採用の本質は変わるのでしょうか。

技術は組織構造を決定するか？

ＩＴ化やＡＩをはじめとした新技術をビジネスにどう取り入れるか。この点は、実は１９６０年代から技術と組織の関係として議論されてきたテーマです。

技術と組織については、１９６０年代に「技術が組織構造を決定する」という命題につながる知見が示されました[22]。どういう技術を用いているのかによって、組織のあり方が変わることを検証したものです。例えば、大量生産を行う技術をもつ企業であれば機械的な組織が有効に機能します。他方で、昔ながらのやり方で注文生産をする企業では、「有機的な組織」が効果的でした。

ただ、この知見はそれ以降、様々な国や地域で検証されましたが、うまく再現できませんでした。技術が組織構造を決めるという命題には無理があったのです。

一方、１９５０年代の『ハーバード・ビジネス・レビュー』において「20～30年後の経営がどうなっているのか」という特集が組まれ、その中で「情報技術の進展によって組織の中では集権化が進むだろう」との予測が立てられました[23]。１９５０年代は、軍事や科学から情報技術が展開されはじめた最初期に当たります。情報技術に社内の情報が集中するため、それをもとに判断する経営者だけがいればよく、ミドルマネジャーは不要になるという主張でした。

しかし、実際はそうならず、今でも部長職や課長職は残っています。この外れた予測も、「技

図 6-8　技術決定論の挫折

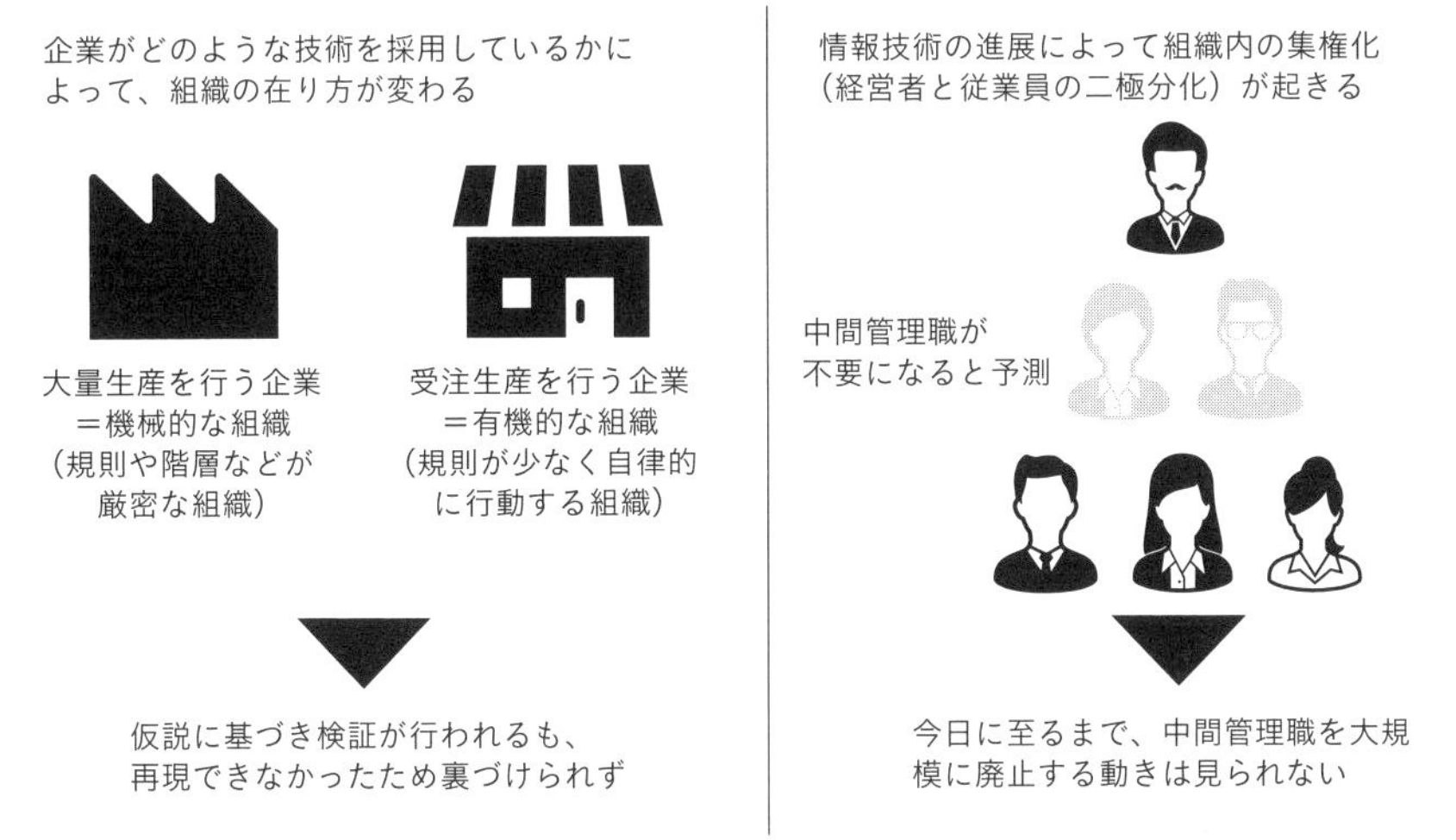
企業がどのような技術を採用しているかに
よって、組織の在り方が変わる
大量生産を行う企業
＝機械的な組織
（規則や階層などが
厳密な組織）
受注生産を行う企業
＝有機的な組織
（規則が少なく自律的
に行動する組織）
仮説に基づき検証が行われるも、
再現できなかったため裏づけられず
情報技術の進展によって組織内の集権化
（経営者と従業員の二極分化）が起きる
中間管理職が
不要になると予測
今日に至るまで、中間管理職を大規
模に廃止する動きは見られない

術が組織のあり方に影響を与える」という論理には、無理があることを示しています。考えてみれば当然で、技術の導入以外にも、様々な要因が組織のあり方を規定しています。現在、**少なくとも学術界では「技術が組織を決める」という「技術決定論」は批判的な目で見られています。**

(22) 1950年代にサウス・エセックス地区の製造業203社に調査が行われました。当初、想定した結果が出なかったのですが、試行錯誤の末、生産技術に目をつけ、「技術が組織構造を決定する」という有名な命題を生み出す研究につながりました。Woodward, J. (1965). Industrial Organization: Theory and Practice. London, UK: Oxford University Press.

(23) 1980年代の経営を展望しようとする特集がハーバード・ビジネス・レビューで1950年代に組まれました。この記事では、情報技術による組織の集権化が予想されました。Leavitt, H. H. and Whisler, T. I. (1958). Management in the 1980's. Harvard Business Review, 36(6), 41-48.

図 6-9　AI の導入・活用による主観的影響

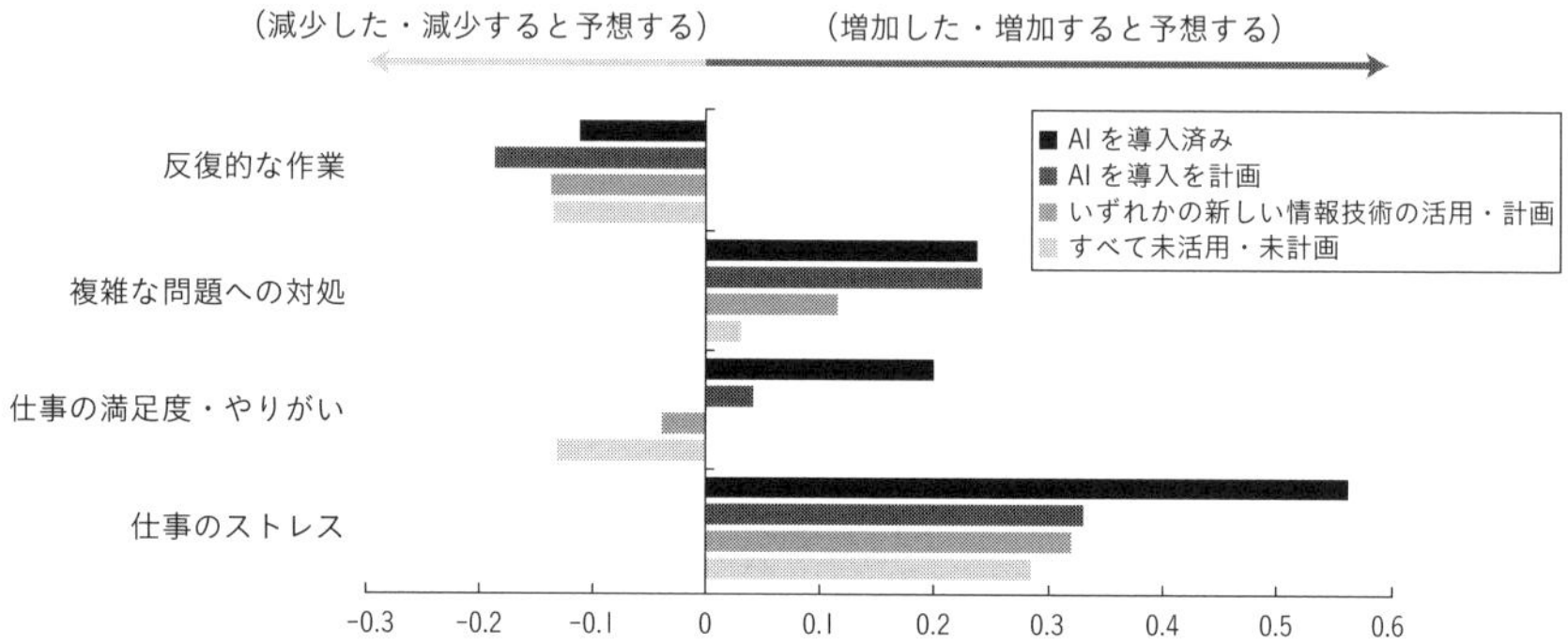

（減少した・減少すると予想する）
（増加した・増加すると予想する）
AI を導入済み
AI を導入を計画
いずれかの新しい情報技術の活用・計画
すべて未活用・未計画
反復的な作業
複雑な問題への対処
仕事の満足度・やりがい
仕事のストレス
-0.3
-0.2
-0.1
0
0.1
0.2
0.3
0.4
0.5
0.6

出典：伊達洋駆・山本勲（2018）「AI は営業担当者の働き方をどう変えるか」『一橋ビジネスレビュー』2018 年冬号、81 頁。

ＡＩが全てを規定するわけではないがタスクの変化は起こる

技術決定論は、ある技術が出てくると、その技術に応じてヒトの働き方や組織のカタチが変わるという考え方です。これは学術的には棄却されています。

ただし、ＩＴ化やＡＩが何も変えないわけではありません。ＩＴやＡＩを含めた高度な情報技術により、一定の変化は起きます。それはタスクレベルの変化です。タスクとは仕事の最小単位である作業を意味します。

具体的には、**頭を使うものであっても、身体を使うものであっても、ルーティンタスクがＩＴの普及によって代替されます**。雇用状況に置き換えて考えると、ルーティンタスクを中心的に担う人材の採用は抑制されていくでしょう（ただし、日本では非正規雇用の増加によって、ヒトがルーティンタスクを担う傾向が残っていることを指摘しておきます）。例えば、記録したり、計算したり、また、簡単な組み立てを行うようなタスクは、かつてと比べると減少しています。２０００年代の調査においても、そうした状況は検証されています。(24)

「半分の職業が機械に代替される」の限界

ＩＴ化やＡＩによってルーティンタスクが代替されると、ヒトは捻出できた時間で難しい問題に挑めます。

仕事にＡＩを導入することで、従業員がどう感じたかの調査が行われています。結果は図の通り、ＡＩを導入している企業ほど「複雑な問題への対処」と「やりがい」が増した一方、「仕事のストレス」も増大していました。これは、ヒトがより難易度の高い業務に従事するようになるという将来を予期させる結果です。

なお、ルーティンタスクから構成される職業が減少すると予測し、国際的に注目された調査

(24) ＩＴと雇用の関係性を読み解く理論の1つにタスクモデルがあります。アメリカのデータを用いたタスクモデルの研究によれば、ＩＴの普及によって定型的な作業は大幅に代替されていることが明らかになっています。Autor, D. H., Levy, F., and Murnane, R. J. (2003). The skill content of recent technological change: An empirical exploration. Quarterly Journal of Economics, 118(4), 1279-1333.

として、オズボーン氏とフレイ氏の「雇用の未来」というレポートがあります（日本でも野村総合研究所が同様の計算式をもとに、レポートを出しています）。オズボーン氏らのレポートは、アメリカの702の職業のうち、「10年～20年後には、47％の職業が66％の確率で機械に代替される」という結果を示しました。[25] 日本でもセンセーショナルに「半分の仕事がなくなる！」と報道されました。

一方で、オズボーン氏らのレポートに対しては、次の3つの意味で結果を慎重に受け止めるべきではないかという意見も出されています。[26]

第1に、「雇用の未来」では、機械学習の研究者が主観的に将来を予測しています。機械学習の研究者は技術のことはわかっていますが、労働市場のことを詳細に理解しているわけではありません。

第2に、ITなどの導入・運用の費用が考慮されていません。技術的に実現可能であったとしても、IT化やAIが高額で、ヒトの労働力のほうが安価であれば企業は新たな技術をとり入れません。

第3に、新たな雇用が考慮されていません。IT化やAIにより仕事の内容が変質する可能性はありますが、それによって新しく生まれる仕事もあるでしょう。

とはいえ、IT化、特に自動化を中心とした技術は、仕事におけるタスクのあり方を変容させるのは間違いありません。ITの導入によって、人事のルーティンタスクが減少傾向にあることも明らかとなっており、採用の業務も今後ＩＴ化の影響が増していくと考えられます。そう遠くない未来において、採用のルーティンタスクがＩＴ化やＡＩで次々に代替されていくでしょう。やがて採用担当者の仕事は、企画を考えること、新しいものを生み出すこと、社内外で調整を行うこと、予期せぬ出来事に対応することなど、「ヒトにしかできないこと」へとシフトします。オペレーションから離れ、思考や発想、コミュニケーションを生かす仕事の割合が増えることは押さえておきましょう。

業務のＩＴ化は後発の日本

先進諸国では、ＩＴ化やＡＩによるルーティンタスクの代替が進みはじめていますが、日本ではどうでしょう。日本は労働市場の中でルーティンタスクが多く残っている国であり、ＯＥＣＤ諸国の22カ国の中で、ルーティンタスクの割合が、４番目に多いことが明らかになっています。[27]

理由としては、日本の雇用システムが職務を明確に規定しないメンバーシップ型雇用である

(25) アメリカのデータを分析したところ、運送、物流、サービス業等の47％の職業が66％以上の確率で今後ＩＴに置き換えられるという結果が導き出されています。この結果もタスクモデルの発想の延長線上で実施されたものです。Frey, C. B. and Osborne, M. A. (2013). The future of employment: How susceptible are jobs to computerisation?. OMS Working Papers September 18.

(26) オズボーン氏らのレポートに対する批判は、次の書籍においてまとめられています。山本勲（２０１７）『労働経済学で考える人工知能と雇用』三菱経済研究所。

点が挙げられます。ルーティンタスクだけを抜き出して、なくしてしまうことが困難です。

職場において相互依存的に働いている点も、ルーティンタスクが減少しにくい理由です。色々な人が関わり合いながら仕事をしているため、特定のタスクだけを切り出す難易度が高いのです。ルーティンタスクを切り出すためのコストが高くなるという言い方もできます（非正規雇用の人材が、ルーティンタスクを担うようになった点も関連しているかもしれません）。


日本においては、ルーティンタスクはそこまで代替の対象になってきませんでした。採用の文脈になりますが、私が採用コンサルティングでお会いした企業の採用担当者で、「自分の業務時間を確認していたら、面接の日程調整に費やす時間が多くて愕然とした」と漏らす方がいました。候補者と社内との日程調整は骨の折れる作業ですが、こうした事務的な部分でミスが起きると、候補者の信頼や志望度を損ないかねません。採用活動には、ルーティンではあるものの重要度の高いタスクが残っています。

ただ、この傾向がいつまで続くかは不明です。例えば、ＩＴ導入の費用が下がったり、より便利なツールが現れたりすれば、一気に代替が進む可能性もあります。ＩＴを取り入れたほうが早くて有益となれば、それを起点にして業務改革が起こるでしょう。

ＨＲテクノロジーの限界

人事の分野にＩＴ化やＡＩ技術を取り入れたものを「ＨＲテクノロジー」と総称します。

HRテクノロジーの導入については課題もあります。1つが、ITサービスやAIを動かす際に、周辺的なコストが発生する点です。例えば、採用でAIを含むシステムを導入した時に、「データ入力はどうするのか」という問題が出てきます。手入力が求められるシーンも見聞きします。導入の負荷は小さくありません。

もう1つは、特にAIについてですが、精度の高い結果をいきなり出してくれるわけではない点です。AIはデータを得ながら〝学習〟します。初めのうちは望む精度の結果が得られません。

非同期型のオンライン面接で、AIを搭載するサービスを例にとって考えてみましょう。ある質問に候補者が回答し、回答内容をもとに、候補者の合格・不合格をAIが判定するサービスです。ここにおけるAIは、蓄積されたデータをもとに結論を導き出します。そのため、データ量が少ない初期は精度が低くなります。

AIの導き出す結論が、ヒトの考えとはかけ離れたものであったり、大きく飛躍していたりすることもあります。**AIの計算プロセスは高度化・複雑化しており、ヒトにはその内容を十**

(27) 国際成人力調査のデータを用いて分析した研究によると、日本の労働市場においてはルーティンタスクの相対量がOECD諸国の中で4番目に多いことがわかっています。DeLaRica, S. and Gortazar, L. (2016). Differences in job de-routinization in OECD countries: Evidence from PIAAC. IZA Discussion Paper Series: No.9736.

分に理解できません。このことは、結論の理由や根拠について採用担当者が明確に説明できないことにつながります。想像してみてほしいのですが、社内にも候補者にも、「ＡＩが判断したから」といった説明だけで納得してもらえるでしょうか。

採用の文脈において、説明が不可能であることをどこまで許容できるかは企業によります。ただ、人事の領域はヒトの情報を取り扱うことが多いため、ミスや説明不可能であることが許されない業務が多く、ＩＴ化やＡＩの導入に慎重です。

このような事情があるため、まずは許容しやすいところからＩＴ化やＡＩは進展していくでしょう。先走って、ミスが許されない場面で導入すると、社会的な反感を買う恐れもあります。今現在、オンライン面接をＡＩで評価している企業でも、「ヒトが確認する」ステップを踏んでいることがほとんどです。

さらに、ＩＴでビジネスのプロセスを具現化すると、他社に模倣されやすくなるという指摘もあります[28]。多くの企業が同じプロセスを選べば、他社と差別化できず、苛烈な競争に陥ります。競争優位性を支えているのは、合理的なプロセスの背後にある、属人的な要素である場合もあります。ヒトがなんとなく判断する部分が介在することで、模倣が困難になるのです。

すでに日本の企業は採用において、その種の事態を経験しています。例えば、どの企業もナビサイトを使うようになりました。その結果、差別化が難しくなり、元からの知名度や資源の豊富さに採用の成否が左右されています。

ＩＴ化やＡＩに限った話ではないのですが、人事の領域では、「他社が導入しているから自社も導入する」という企業が多く見られます。採用コンサルティングで会ったある人事担当者は、「商品開発部門から人事部門に異動した際、人事では他社と同じような取り組みをするのが重視されていることに驚いた」と語っています。

確かに、商品開発が他社の出していない新商品で「差別化」を徹底する一方で、人事は他社の成功事例を収集し、自社に取り入れる動きが目立ちます。人事においてこうした現象が起こるのは、他社の実践を自社も取り入れたほうが、「しっかりした企業」として認知され、社会的な正統性を高められるためと思われます。

他社が使っているツールに対して信頼感は覚えるかもしれません。しかし、採用には外部労働市場における競争という側面もあります。同じツールを使えば差別化が難しくなるという事実を考慮しなければなりません。

採用における競争について考慮のポイントとなるのは、「労働市場における自社の採用の競争優位性とは何か」という点です。自社の採用は他社と何が違うのか。それらの違いのうち、自社の強みは何か。自社の強みをさらにうまく活かすにはどうすればよいか――ＩＴ化やＡＩの導入にあたり、事前にこうしたことを考えておきましょう。

---

(28) 情報システムによって事業を目に見える形に定めると、他社からの模倣可能性が高まります。その背後で他社からは見えにくい工夫を凝らすことが、市場における競争優位につながっていきます。加護野忠男・井上達彦（２００４）『事業システム戦略：事業の仕組みと競争優位』有斐閣。

5. ＩＴやＡＩの信頼性をどう担保するか

ある採用活動で起きた出来事

ＩＴやＡＩを採用に導入する際に、その妥当性や信頼性をどう担保するかは深刻な課題です。この議論を考える上でヒントになるのが、世界最大級のＥＣサイトを運営するアマゾンが、人事採用システムを導入した際に起きた問題です。

アマゾンではあるとき、公平かつ客観的な評価を行うために、ＡＩによる採用システムを導入しました。にもかかわらず、蓋を開けてみると、女性より男性が高く評価されていたことがわかりました。これを受け、アマゾンはシステムの利用を中止しました。

検証の結果、採用システムの評価アルゴリズムが、女性を低く評価しやすい仕組みであったことが発覚します。具体的には、アマゾンが「コンピューターサイエンス人材」を高く評価するよう設定していたことが原因でした。この設定自体は問題ありません。しかし、コンピューターサイエンス系の大学を卒業した人は、これまで男性が多く女性が少ない傾向にありました。

ＡＩは学習過程において、少数派だった女性側を「卒業生が少ない＝成績がよくない」と判断し、コンピューターサイエンスのスキルが高い女性でも評価が低くなっていたのです。

この一件が示唆するのは、過去のデータを用いると、過去のステレオタイプが評価に反映される可能性です。アマゾンはステレオタイプの存在を察知し、それに真摯に向き合うことで影響を最小限に食い止めました。しかし、ＩＴやＡＩの中身をよく知らないまま、ツールとして導入する企業に、同様の対処ができるとは限りません。

アマゾンの事例は女性と男性で差が出ていましたが、将来的に他のマイノリティーにとって不利な判断をくだすアルゴリズムが出現するかもしれません。ＡＩを使うのであれば、教師データや学習過程によっては、こうした危険性があることを知っておきましょう。

ＡＩにもバイアスの危険がある

企業にとっては、候補者の情報は不完全な状態です。その人の全てを知ることは不可能であるため、学歴、所属している集団、性別などの属性情報を頼りに「この人はきっとこうなんだろう」と推論します。その推論はバイアスの源泉にもなります。

特に社会的なマイノリティーは不利な評価を受けやすいことが指摘されています。これは、「統計的差別」と呼ばれるものの一種です。**統計的差別とは、好きや嫌いといった嗜好的差別ではなく、既存のデータに基づいて物事の良し悪しを決めた結果、差別的な判断が合理的にな**

されることを指します[29]。

差別的な判断に至らなくても、過去のデータを分析した結果、それは本当に自分たちが採り入れるべきかで議論になった事例もあります。弊社で、ある企業をクライアントに、若手のハイパフォーマーについて、入社前の性格特性と照合して分析したことがあります。その結果、「協調性が高くて独創性が低い人材」がハイパフォーマーであるという分析結果になりました。この性格特性ですと、見方によっては、新たな価値をあまり生み出さない人材が最適ということになります。「協調性が高く独創性が低い人材」を本当に採用していくべきか、クライアントは悩んでいました。

統計的差別は非常に難しい問題です。「どうやって解決するのだろう」と思うかもしれません。この点については、最近になって本格的に議論されはじめたところです。未だ明快な解は得られていません。

例えば、専門家に相談をあおぐなど、検証のための工程が提示されてはいますが、膨大で複雑なプロセスになります[30]。実務的に許容できるコストではない可能性もあります。

いずれにせよ、ＩＴ化やＡＩ、そして、それらに基づくデータ分析は便利である一方で、特定の層に差別的な結果を出しうることを理解しておくべきです。単一の指標で判断するのではなく、ほかの情報源と合わせて判断しましょう。中途採用でも新卒採用でも、その人の職業人生がかかっているのです。

ここではＩＴ化とＡＩの話題を中心に取り上げましたが、人の直感で判断することも同様に、バイアスが介在するという意味では危険です（例えば、面接におけるバイアスについては、P.93等で触れました）。

どの方法を採るにしても、１つの指標に依存することは、職業倫理の観点からも評価の妥当性や信頼性の観点からも問題です。ジョブ型雇用をめぐる議論と同じく、採用に万能薬はないのです。毎年のように新しいソリューションが登場する業界ではありますが、それだけで全てを解決できないことは、心のなかで何度も繰り返しましょう。

---

(29) 嗜好的差別と統計的差別について検討を行っている論文があります。統計的差別もまた雇用と失業を十分に説明するわけではない点にも触れられています。Lang, K. and Lehmann, J. Y. K. (2012). Racial discrimination in the labour market: Theory and empirics. Journal of Economic Literature, 50(4), 959-1006.

(30) 人権・倫理・社会的影響の評価モデルにデータ処理の側面を統合したモデルを提案し、ＡＩによる差別問題への対処方法を示している論文もあります。ただし、膨大で困難なプロセスをたどる必要がありそうです。Mantelero, A. (2018). AI and big data: A blueprint for a human rights, social and ethical impact assessment. Computer Law and Security Review, 34(4), 754-772.

6. 採用担当者の専門性

採用担当者に専門性が求められる時代

日本では、採用担当者が候補者に接触することが従来から重視されてきました。候補者と顔を合わせ、彼らの志望度を高める役割を担うため、採用担当者には「人当たりのよさ」や「コミュニケーション能力の高さ」が求められていました。採用担当者にこれらの能力を持つ方々が多いのも、こうした事情からでしょう。

しかし、採用のオンライン化が進む中で、各企業の持つ採用の「勝ちパターン」は半ば崩れ去ろうとしています。これまでの採用担当者に求められた能力も、対面不可の状況では十分に発揮することができません。

これからの採用担当者には、候補者とうまく接するだけではなく、本著でこれまで見てきたような採用の本質を理解した上で、新たな企画を練る力も必要となります。すなわち、採用担当者には新たな「専門性」が求められるようになっているのです。

日本の採用担当者に求められていたこと

採用の「専門性」と言いましたが、この言葉にピンと来ない方もいるのではないでしょうか。誤解を恐れずに言えば、これまでの採用において、採用担当者には知識や技術よりも、ある意味で候補者からの〝ウケのよさ〟が重視されていたからです。

求職者が企業を選ぶ際には、主に2つの要因が働きます。1つは仕事の内容、給与や福利厚生などの待遇、組織の特徴といった「客観的要因」、もう1つは求職者が出会う採用担当者などの「リクルーター要因」です。(31)

両者の影響力を調べたアメリカの研究では、企業選びの判断材料としては、「客観的要因」のほうが強いことが示されています。少なくともアメリカでは、客観的要因が十分に得られれば、リクルーター要因はそこまで重視されません。採用担当者は求職者にそれほど重視されていないということです。(32)

アメリカでは中途採用が多く、候補者は仕事面の知識をある程度持った状態で企業選びを

(31) 給与、福利厚生、昇進、組織特性などの客観的要因に基づいて企業を選ぶとする客観的要因理論と、採用担当者をはじめとした組織の代表者からの影響を受けて企業を選ぶとするクリティカルコンタクト理論が提案されています。Behling, O., Labovitz, G. and Gainer, M. (1968). College recruiting: A theoretical base. Personnel Journal, 47, 13-19.

図 6-10　客観的要因とリクルーター要因

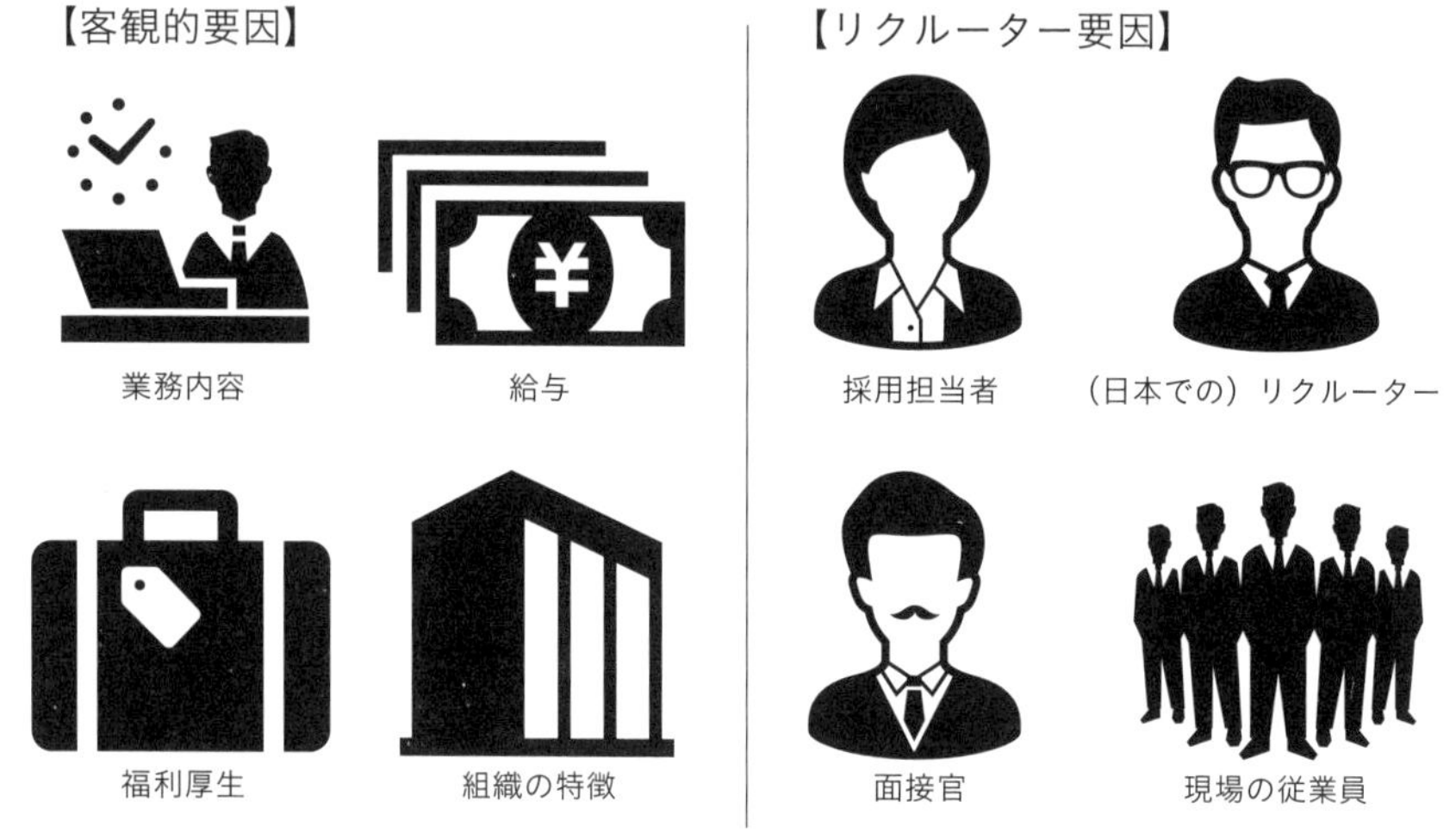
【客観的要因】
業務内容
給与
福利厚生
組織の特徴
【リクルーター要因】
採用担当者
（日本での）リクルーター
面接官
現場の従業員

行っています。しかもジョブ型雇用という背景もあり、特定のポストに対する応募になっています。そのため、企業に関する情報の収集が行いやすく、また、企業を比較できる経験を求職者が有しているため、客観的要因が重視される傾向にあります。

　日本ではどうでしょうか。アメリカではリクルーター要因よりも客観的要因が優先されるとお伝えしましたが、日本人の感覚では「本当にそうかな？」と疑問に思うかもしれません。というのも、**日本の採用ではリクルーター要因が重要になる条件がそろっているからです**[33]。

　その1つが、情報収集の機会を候補者が十分に得られていないことです。そして、もう1つが、企業間の区別が難しいことです。このような状況では、採用担当者を観察して「この会社はどんな会社だろうか」と推論するしかありません。結果的に、採用担当者から受ける影響度が大きくなります。

この2点は日本の採用活動に当てはまります。新卒採用では特にそうです。期間は短く、未就業者であり、企業の区別がつきにくい。候補者にとっては、どの会社も同じことを言っているように聞こえます。少しでも情報を得ようと、候補者は採用担当者の様子をつぶさに観察するようになります。

余談ですが、コロナ禍以前に、客観的要因とリクルーター要因のどちらが大きいのかについて、ある企業向けの内定者調査で分析したことがあります。その際、キャリア展望が高い候補者は客観的要因を重視する一方、キャリア展望が低い候補者はリクルーター要因を重視するという結果が得られました。

---

(32) 多くの実証研究を統合的に分析した結果、候補者が組織の特性に関する詳細情報を利用できるようになると、採用担当者からのシグナルの影響度が低くなることが分かっています。Chapman, D. S., Uggerslev, K. L., Carroll, S. A., Piasentin, K. A., and Jones, D. A. (2005). Applicant attraction to organizations and job choice: A meta-analytic review of the correlates of recruiting outcomes. Journal of Applied Psychology, 90(5), 928-944.

(33) 候補者が組織や仕事の特徴に関して情報を十分に持っていない場合、また、組織や仕事を相互に意味のある形で比較しにくい場合、採用担当者からの影響を受けやすいことが示唆されています。Behling, O., Labovitz, G. and Gainer, M. (1968). College recruiting: A theoretical base. Personnel Journal, 47, 13-19.

図 6-11　採用担当者の専門性

採用に関する体系的な知識の習得
自分たちで採用の評価基準を作成、管理
職業人生に関わる職業倫理の遵守

将来やりたいことがはっきりしていれば仕事内容などを、そうでなければ人を見て就職先を考えるようです。アフターコロナ・ウィズコロナでも同じかは今後の調査次第ですが、自社の採用を検討する上で参考になるかもしれません。

採用担当者の専門性とは？

採用担当者に必要な専門性とは何かについて考えていきましょう。専門性があること、すなわちプロフェッショナルには3つの条件があります(34)。

①体系的な知識があること

医療の知識があるから医師になるのと同様に、採用の専門性を得るには、採用に関する知識を十分に持っていなければなりません。

②評価基準を自分たちで作り、自分たちで守っていること

医師の例でいえば、医師会などがその役割を担っています。外部団体が専門性を評価する仕組みになっていることが大切です。この点は採用業界では弱いかもしれません。

③高い職業倫理を有していること

言わずもがなですが、多くの医師は高い職業倫理のもと働いています。候補者の職業人生に関与する採用担当者にも、高い職業倫理が求められます。

自分は採用に関する体系的な知識を持っているだろうか、自分の採用力を評価してくれる社外の機関にアクセスできているか、候補者の職業人生をよくするための採用を徹頭徹尾行えているか——こういったことを振り返ってみてください。

もし不足点があれば、それを補うための行動をとる必要があります。例えば、知識が足りないと感じる場合には、社外の学びの場を求めましょう。外部の評価機関へのアクセスがない場合は、そのような機関を探し、アプローチすべきです。職業倫理が不十分であると思うなら、候補者の生の声を聞く機会を作るとよいでしょう。

---

(34) 長年の訓練によって獲得する技術を持っていること、及び、プロフェッショナルの規範を遵守すること。この2点がプロフェッショナルの特徴であるとされています。Wilensky, H. L. (1964). The professionalization of everyone? The American Journal of Sociology, 70, 137-158.

7.「よい働き方」とそのための採用のあり方

よい働き方の定義は多様

近年注目を集めている「働き方改革」。「こんな働き方がよい」「新たな働き方が登場した」など様々な観点でメディアでも取り上げられています。「何がよい働き方なのか」は人によって、そしてライフステージによって異なります。「理想の働き方」は多様であっていいし、それが当たり前です。

例えば、効率的に働くのがよい働き方だと思う人もいますし、たくさん働く分、お金を稼げることや成長できることがよい働き方だと考える人もいます。「楽できることがよい働き方」「仲良く働けることがよい働き方」と思う人もいます。人の価値観は多様です。生き方が１つでないように、よい働き方も人の数だけあっていいわけです。

コロナ禍で、仕事のオンライン化が進んだことで、私たちは自分の望む働き方について考えを深める機会を得ました。そのような中、採用プロセスにおいて企業は候補者に対して、オンライン化とどのように向き合っていくかも含め、自社の働き方の価値観を提示することが求められます。

新卒採用で10年、20年と比較的長く働く従業員の多い企業があったとします。「うちの会社は、今はこうなっているけれど、中長期的には、仕事のオンライン化をこのように進め、個々人の自律性を重んじた効率的な働き方への転換を目指しています」などと伝えれば、企業がどこへ向かおうとしているかがわかります。

働き方の現状と未来について候補者に伝えることで、候補者が自分に合った企業を選びやすくなります。採用後のミスマッチも防げるでしょう。これからは採用の段階で、働き方の価値観が候補者とマッチしているか確認したいところです（働き方の価値観が企業と個人でマッチしているかどうかについては、第3章のフィットに関する議論を参照してください）。

おわりに

最後までお読みいただき、ありがとうございます。私は大学院在籍中にビジネスリサーチラボを創業し、ビジネスの世界にアカデミックな知識を提供する活動をしてきました。学術界がとりわけ苦手とするのは、いままさに出現した課題に対するタイムリーな対応です。

新型コロナウイルス感染症の拡大は、採用を大きく変えました。しかし、日本の中でオンライン採用について探求し続けてきた研究者はほとんどいません。これでは採用担当者は、せっかくの学術研究を参照しにくい状態になります。

ただ、幸いにもビジネスリサーチラボは、幅広いテーマで世界中の学術研究を調べ、また、組織サーベイや人事データ分析を提供し続けています。本著では、「オンライン採用」という課題に直面した読者のみなさんに向けて、ビジネスリサーチラボを経営する私が研究と調査で得た知見を示しました。オンライン採用をめぐる課題の性質を読み解き、対策を考える一助になれば幸いです。

「おわりに」を書いている今も、新型コロナウイルスの感染者数は日々増えています。目の前の危機に対処しながらも、今回のパンデミックによる採用のオンライン化を、ぜひ採用のあり方を省察する機会にしていただければと思います。

混乱の今の時期、状況は刻一刻と変わっていきます。私は採用担当者の方々がそれらに対応していけるように、セミナーや記事を配信し、情報をお届けしています。また、内定承諾者・辞退者調査、面接官研修、人材要件の設計なども提供しています。実践の中で困ったことがあれば、本著とあわせて、そちらも参考にしてみてください。

最後に、本著の作成にご協力いただいた編集者の早瀬隆春さん、ライターの佐藤智さん、安澤真央さん、ビジネスリサーチラボ　フェローの小田切岳士さん、能渡真澄さんに感謝を伝えたいと思います。そして読者のみなさん、これからも変動する社会の中で共にしなやかに挑戦していきましょう。

２０２１年１月

著者紹介

伊達洋駆（だて・ようく）

株式会社ビジネスリサーチラボ 代表取締役
神戸大学大学院経営学研究科 博士前期課程修了。修士（経営学）。2009年にLLPビジネスリサーチラボ、2011年に株式会社ビジネスリサーチラボを創業。以降、組織・人事領域を中心に、民間企業を対象にした調査・コンサルティング事業を展開。研究知と実践知の両方を活用した「アカデミックリサーチ」をコンセプトに、組織サーベイや人事データ分析のサービスを提供している。

オンライン採用
新時代と自社にフィットした人材の求め方

2021年3月5日　初版第1刷発行

著　者——伊達洋駆　
発行者——張　士洛
発行所——日本能率協会マネジメントセンター
〒103-6009 東京都中央区日本橋2-7-1 東京日本橋タワー
TEL 03(6362)4339(編集)／03(6362)4558(販売)
FAX 03(3272)8128(編集)／03(3272)8127(販売)
http://www.jmam.co.jp/

装　丁——山之口正和（OKIKATA）
本文DTP—株式会社RUHIA
印刷所——シナノ書籍印刷株式会社
製本所——ナショナル製本協同組合

ISBN 978-4-8207-2875-7　C2034
落丁・乱丁はおとりかえします。
PRINTED IN JAPAN